미쓰백

포토·스토리보드

미쓰백

감독 이지원

스틸 임훈
스토리보드 조나래

일러두기

- 이 책의 일부 표기와 맞춤법은 작가의 의도를 따른다.
- 이 책에 등장하는 용어와 그 의미는 5쪽에 정리했다.

스토리보드 용어

Boom Down
카메라가 아래로 내려오는 것.

Boom Up
카메라가 위로 올라가는 것.

BS (Bust Shot)
인물의 가슴 위까지 잡는 타이트한 앵글.

C#
컷(Cut) 번호. 신을 나눌 때 사용.

Camera In
카메라가 피사체에 다가가는 것.

Camera Out
카메라가 피사체에서 멀어지는 것.

CU (Close-Up)
클로즈업. 특정한 부분을 가득 차게 잡는 화면.

EC 또는 ECU (Extreme Close-Up)
클로즈업보다 더 타이트하게 특정 부분을 잡는 것.

FB (Flashback)
과거에 있었던 일을 회상하는 장면.

FI (Fade In)
점점 밝아지는 장면 전환 효과.

FO (Fade Out)
점점 어두워지는 장면 전환 효과.

Follow
피사체의 움직임을 따라 가는 촬영 기법.

FS (Full Shot)
피사체의 전체를 잡는 앵글.

F.I (Frame In)
피사체가 화면 안으로 들어오는 것.

F.O (Frame Out)
피사체가 화면 밖으로 벗어나는 것.

Ins. (Insert)
장면 삽입.

KS (Knee Shot)
인물의 머리부터 무릎까지 화면에 들어오는 것.

LS (Long Shot)
피사체가 작게 보이고 배경이 많이 보이도록 멀리서 찍는 것.

Moving
카메라 이동.

MS (Medium Shot)
인물의 무릎이나 허리부터 상체를 잡는 앵글.

OS (Over the Shoulder Shot)
한 사람의 등진 어깨가 보이고, 맞은편에 있는 사람의 정면이 보이는 앵글.

[OS] (Off Sound)
인물이 화면에 보이지 않고 목소리만 들리는 것.

Pan 또는 Panning
카메라를 다른 피사체로 돌리는 기법.

POV (Point of View)
1인칭 시점으로 보이는 것.

S#
신(Scene) 번호.

Tilt Down
피사체 위부터 아래까지 카메라가 이동하는 것.

Tilt Up
피사체 아래부터 위까지 카메라가 이동하는 것.

TOP / END
카메라 이동에서 앵글 시작과 끝.

Wide Shot
와이드샷. 넓은 앵글.

2Shot
두 사람이 앵글 안에 들어오는 것.

S#001	외곽도로 - 위	아침 | 로케이션
	타이어를 갈다가 배형사 전화를 받는 장섭	

블랙 화면

장섭[OS]   날씨 시발…

C#1

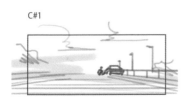

장섭 차, 장섭 LS

한겨울, 아스팔트마저 얼어붙은 듯 싸한 외곽도로 풍광.
타이어가 펑크 난 채 갓길에 세워진 고물차 앞에서 푹 입김을
뿜으며 웅크리고 앉아 타이어를 갈려고 용을 쓰고 있는 우직
한 사내.

C#2-1

장섭 후측면 - Tilt Down

우직한 사내의 등.
면도를 대충한 듯 듬성듬성 밀린 턱수염.

C#2-2

짝짝이 양말, 운동화 CU

어디서 구르기라도 했는지 밑단이 흙탕물로 범벅이 된 코르덴
바지, 짝짝이 양말, 낡은 운동화.
홀아비 냄새가 스크린을 뚫고 풍기는 30대 후반의 장섭.

S#001

외곽도로 - 위 아침 | 로케이션

타이어를 갈다가 배형사 전화를 받는 장섭

C#3-1 TOP

장섭 손 CU - 손 Follow

장비도 얼어서 말을 듣지 않는지,

(휴대용 잭이 고장나며)

C#3-2

장섭 손과 입 CU

하… 입김으로 손을 녹이다가

C#3-3 END

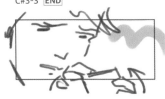

장섭 CU

안주머니에 있던 담뱃갑을 뒤지는데 그것도 비어 있다.

C#4

타이어와 장섭 발 CU

에라, 짜증이 치밀어올라 괜히 타이어를 퍽 걷어차버리자

S#001 | 외곽도로 - 위 | 아침 | 로케이션

타이어를 갈다가 배형사 전화를 받는 장섭

C#5

장섭 차와 장섭 LS

얼어붙은 논밭에서 놀던 새들이 놀라 푸드덕 날아오르고,
웡웡, 한가롭던 동네 개들이 짖어대기 시작한다.

C#6-1 TOP

재떨이 - 장섭 손 Follow Tilt Up

차에 올라타 재떨이에서 쓸 만한 꽁초를 하나 찾아

C#6-2 END

룸미러에 비친 장섭 눈 CU

불을 붙이는 장섭.
룸미러에 비친, 까칠하지만 야생동물 같은 눈빛이 살아 있는
얼굴.

장섭	(전화를 받는다) 여보쇼.
배형사[OS]	어디십니까요? 오고 있는 거예요?
장섭	지금 간다니까. (궁시렁) 인마, 이거는 폐차를 시키던가…
배형사[OS]	장형사님, 그 똥차 아직 타고 댕겨요?
장섭	니나 잘해 시발아. 그리고 내 가기 전에 철수할 생각 말고 딱 기다리고 있어.

시동을 거는 장섭.

외곽도로 - 위   **아침 | 로케이션**

타이어를 갈다가 배형사 전화를 받는 장섭

C#7

장섭 차 뒷모습 FS

연신 헛기침을 해대는 낡은 엔진이 푸드덕푸드덕 소리를 내며
달려간다.

C#8

장섭 차 정면 FS (망원)

바퀴를 새로 갈지 못한 채로 달려가는 장섭의 차.

C#1-1

장섭 뒷모습, 앞 유리 너머 도로

골목을 운전하는 장섭.

C#1-2

앞 유리 너머 사건 현장 F.I

코너를 돌면 드러나는 사건 현장.

C#1-3

장섭 F.O

밀집된 주택과 낙후된 상가 뒤편에 있는 영세 아파트 앞에 도착한 장섭.

C#2

주차장 부감 LS

사건 현장에 도착한 장섭의 차.

S#002

정명숙 아파트 - 앞 / 안 　　　　　아침 | 로케이션 / 오픈 세트

배형사를 따라 아파트로 향하는 장섭 / 정명숙 사망 현장을 살피는 장섭

C#3-1 **TOP**

배형사 뒷모습 Follow - 장섭 F.I

배가 산만 한 배형사가 장섭을 보더니 인파를 밀치고 그를 부른다.

C#3-2

배형사 너머 장섭 - Follow

배형사　　　이번엔 따악, 촉이 오더라니까.
장섭　　　　오늘도 아니면 닌 뒤진다.

아파트 내부로 발걸음을 옮기려던 장섭을 잊은 거 없냐는 듯 슥 막는 배형사.
장섭, 지갑에서 지폐 몇 장을 꺼내 옛다! 주머니에 찔러주더니

C#3-3

배형사, 장섭 뒷모습 2Shot Follow

그 주머니에서 칡즙 봉투를 꺼내 북 뜯어 들이키며 현장으로 향하고.

C#3-4

배형사, 장섭 뒷모습 2Shot Follow

(두 사람 너머 사회복지사와 경찰)

아파트 복도로 들어서던 장섭, 경찰에게 조사받는 여자를 보는데…

배형사　　　최초발견자가 사회복지사예요. 가족도 뭣도 없나보더라고.

S#002

정명숙 아파트 - 앞 / 안	아침 | 로케이션 / 오픈 세트

배형사를 따라 아파트로 향하는 장섭 / 정명숙 사망 현장을 살피는 장섭

C#3-5

마반장 F.I - 장섭 Follow - 마반장 F.O

햇볕도 들지 않는 좁고 낡은 내부, 폴리스 라인을 걷고 들어서면, 남부서 감식반이 막 현장 감식을 끝내고 철수 중이다. 현장을 나서던 마반장.

마반장   장섭이, 너 내 관할 들락거리지 말라고 했···

그러든 말든 훅 들어가버리는 장섭에 머쓱해진 마반장.

C#3-6

장섭 Follow

마반장   집요한 새끼. 전국 각지 정명숙이란 정명숙은 다 뒤지고 다닐 기세네. 쟤 왜 저러는 거야?
배형사   (나도 모른단 제스처)

명숙의 방 안으로 들어가는 장섭.

C#3-7 **END**

장섭과 배형사 너머 감식반과 정명숙 시신 F.I

시신을 둘러싼 감식반 뒤로 내부를 찬찬히 둘러보는 그의 시선 속으로 방구석에 엎어진 채 사망한 60대 여자의 가녀린 발목이 들어온다.

C#4

장섭 CU

정명숙의 시신을 보는 장섭.

S#002

정명숙 아파트 - 앞 / 안　　　　　　　**아침 | 로케이션 / 오픈 세트**

배형사를 따라 아파트로 향하는 장섭 / 정명숙 사망 현장을 살피는 장섭

C#5-1

장섭 POV - 감식반 F.O

감식반이 자리를 뜨자, 다가서는 장섭 앞으로 모습을 드러낸 시신.

C#5-2

정명숙 FS - Camera In

그녀는 마치 자신의 죽음을 예견한 듯 상복 같은 검은 정장을 단정하게 차려 입은 모습인데, 마치 아무에게도 들키고 싶지 않았던 것처럼 방구석의 가구 틈 사이로 얼굴을 파묻은 채 사망했다.

C#6-1　TOP

장섭 KS

명숙에게 다가서는 장섭.

C#6-2　END

장섭 BS

자세를 낮춰 앉은 장섭.

배형사　　　어째, 이번엔 맞는 거 같구만, 그 정명숙.

S#002

정명숙 아파트 - 앞 / 안 　　　　　　　아침 | 로케이션 / 오픈 세트

배형사를 따라 아파트로 향하는 장섭 / 정명숙 사망 현장을 살피는 장섭

C#7

장섭 눈 CU

정명숙의 시신을 보는 장섭.

C#8-1

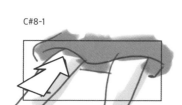

장섭 POV 명숙 다리 CU - Tilt & Pan

장섭의 날카로운 눈빛이 사체의 발목부터 타고 올라와

C#8-2

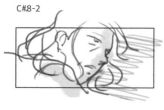

명숙 얼굴 CU

더 이상 이 세상 사람이 아닌 낯선 피부색과, 차마 눈을 감지
못한 정명숙의 얼굴을 마주하자,

C#9

장섭 BS

본능적으로 자기가 찾던 그녀임을 직감한 듯하다.
장섭, 서랍장 위에 놓여 있던 국가보조금 내역서의 이름을 확
인한다.

| 정명숙 아파트 - 앞 / 안 | 아침 \| 로케이션 / 오픈 세트 |

배형사를 따라 아파트로 향하는 장섭 / 정명숙 사망 현장을 살피는 장섭

C#10

장섭 POV 국가보조금 내역서

(정명숙이라고 쓰인)

C#11

장섭 BS - F.O

내역서를 내려놓고 일어나는 장섭.

C#12-1

장섭 OS 배형사 - 장섭 Follow

팔짱을 낀 채 손수건으로 코를 막고 방 안을 보는 배형사.

배형사   사체 상태로 봐선 사망한 지 최소 한 달은 지난 거 같고. 누군가 침입했던 흔적도, 먹고 죽을 약이나 음식 같은 것도 없고… 걍 노인네 혼자 외롭게 살다 간 거지 뭐.

C#12-2

장섭, 배형사 2Shot

(현장을 설렁설렁 둘러보다가 사진 한 장을 보는 배형사)

장섭, 배형사에게 다가가 사진을 빼앗아 든다.

카센터 - 안   낮 | 로케이션

세차 일을 하고 있는 상아를 찾아온 장섭

C#1

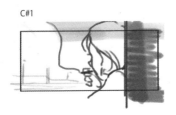

상아 후측면 CU

벽에 기댄 채 쭈그려 앉아 담배 연기를 내뱉고 있는 한 여자의 목덜미, 귀 아래쪽에 오래된 날카로운 흉터가 선명하게 보이는데…

카센터 할배   미쓰백, 미쓰백!

C#2-1

상아 후측면 FS - 할배 F.I & Follow

카센터 할배   미쓰백, 여기까지 마무리 좀 해줘. 어?

흰머리 성성한 카센터 주인이 애타게 불러도 그러든 말든 돌아보지도 않은 채 카악, 바닥에 가래침을 뱉어 담배를 비벼 끄고 선 주머니에 손을 찔러 넣은 채 푹 입김을 뿜으며 먼 산만 보는 여자.

C#2-2

할배 너머 상아

에휴, 그런 그녀를 못 말리겠단 듯 설레설레 보던 주인장. 다가와 주머니에서 만 원을 건네주자,

C#3-1 **TOP**

상아 후측면 CU - Tilt Up

그제야 슥 돌아보는 그녀.
사진 속 그 아이가 그간 무슨 일이 있었기에 저렇게 됐나 싶을 정도로 온갖 세상 풍파는 다 겪은 듯, 다크서클이 깊게 내리고 여윈 얼굴. 예사롭지 않은 눈빛을 가진 30대 중반의 백상아.

S#003

| 카센터 - 안 | 낮 | 로케이션 |

세차 일을 하고 있는 상아를 찾아온 장섭

C#3-2

(만 원을 건네주는 주인을 뒤로하고)

그러든 말든 일을 마무리하려 일어나 점퍼를 벗고 돌아선다.

상아   또 날로 드시네…

C#3-3 [END]

상아 F.O

주인장, 에라, 만 원 한 장을 더 얹다 눈치 보더니 그냥 두 장 더 얹는다.

카센터 할배   착실하게 나와준 거 생각해서 연말 뽀나스 얹어 준 거야.

상아, 그제야 돈을 탁 낚아채고선 시크하게 웃어 보이더니

C#4-1

양동이 CU - 상아 손과 양동이 F.O

인심 쓰듯 물이 가득 담긴 양동이 두 개를 번쩍 들어

C#4-2

상아 뒷모습 Follow

21

카센터 - 안   낮 | 로케이션

세차 일을 하고 있는 상아를 찾아온 장섭

C#4-3

상아 MS

퍽, 그 차에 아무지게 쏟아붓고선

C#5-1 TOP

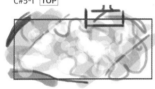

차 앞 유리 너머 쏟아지는 물

(앞 유리에 쏟아지는 물)

C#5-2 END

차 앞 유리 너머 상아

맹렬하게 걸레질을 시작한다.

C#6

상아 손 CU

(타이어 윗부분을 닦는 상아)

소매를 걷은 가녀린 팔에 잡힌 잔근육, 온몸을 사리지 않으며
벅벅, 억척스럽고도 정성스럽게 일을 해내는 상아의 손길.

S#003

카센터 - 안   낮 | 로케이션

세차 일을 하고 있는 상아를 찾아온 장섭

C#7

양동이와 걸레 CU

(양동이 물에 걸레를 적시는 상아)

C#8-1 TOP

상아 어깨 너머 손 CU

차림새가 한때 좀 놀았던 '센 언니'지만, 참 열심히 사는 사람 같다.
걸레질하다 말고 날카로운 뭔가에 손이 베인 듯 흠칫하던 상아, 대수롭지 않게 대충 옷에 피를 닦고 다시 걸레를 집어들자

C#8-2

장섭 손 F.I - 장섭 쪽으로 Pan

옆에서 탁, 그 걸레를 뺏어 낚아채는 손.

C#8-3 END

장섭 CU

장섭이다.

장섭   돈 몇 푼 더 벌라다 손모가지 날릴래.

카센터 - 안   **낮 | 로케이션**

세차 일을 하고 있는 상아를 찾아온 장섭

C#9

상아 장섭 뒷모습 KS

장섭, 인사 대신 욕지거리를 날리곤 벅벅 걸레질을 하자, 상아
역시 인사 대신 그의 정강이를 팍 걷어차더니

C#10

장섭 POV 상아 측면

걸레를 뺏어, 자기 손으로 해야 직성이 풀린다는 듯 다시 맹렬
하게 걸레질을 한다.

C#11

장섭 ECU

못 말리겠다는 듯 한숨에 물끄러미 그녀를 보는 장섭의 눈빛.

순대국집 - 안   낮 | 오픈 세트

밥을 먹는 두 사람, 장섭에게서 이상한 낌새를 느낀 상아

C#1

장섭 POV 상아 손 CU

다진 양념을 푸는 상아의 부르튼 손.

C#2

상아 OS 장섭

밥 먹는 상아의 손을 지켜보는 장섭.

C#3

장섭 POV 상아

상아, 터프하게 책상다리를 하고 의자에 앉아 어지간히도 배가 고팠는지 숟갈을 푹푹 퍼 담은 입에 깍두기까지 밀어넣어 우적우적 맛있게도 먹는데…

C#4

상아 OS 장섭

장섭   가스나, 빤스 다 보인다.

28

C#5

장섭 OS 상아

그러든 말든 한 술 더 떠 치마 속 허벅지를 북북 긁는 상아.

C#6

상아 OS 장섭

장섭, 그녀가 입은 싸구려 '레자' 자켓과 추위에 얼어붙었다 새 빨갛게 녹은 까칠한 손이 짠한 듯 보다, 입고 있던 오리털 파카를 툭 던져준다.

장섭   그거 니 해라.

C#7

상아 너머 장섭

상아   왜.

장섭   그 옷 같지도 않은 거 입고 댕기다 입 돌아가기 전에. 내가 니 그 똥색 비니루 몇 년 동안 처입고 댕기는 거 볼 때마다 확 찢어뿐다는 걸 벼르고 벼르다 참는다.

C#8

상아 측면 CU

장섭을 물끄러미 보는 상아.

순대국집 - 안　　　　　　　　　　　　**낮 | 오픈 세트**

밥을 먹는 두 사람, 장섭에게서 이상한 낌새를 느낀 상아

C#9

장섭 OS 상아

상아　　　(장섭 파카를 슥 살피더니) 간지가 안 나는데.

C#10

장섭 단독

장섭　　　확! 마, 간지 같은 소리 하고 있다.

C#11

상아 단독

장섭이 눈을 부라리자 그제야 파카를 주섬주섬 입어보더니 따
스운지 벗지 않는 상아.
자기 몸집보다 두 배는 커 보이는 파카에 파묻힌 그녀.

C#12

장섭 단독

그녀를 물끄러미 보던 장섭.
연민인지 애정인지 모를, 가슴속 짙은 감정을 투박한 단어들
과 말투에 숨겨본다.

장섭　　　얼마 주도 않는 부업은 몇 탕을 처뛰면서,

| 순대국집 - 안 | 낮 | 오픈 세트 |

밥을 먹는 두 사람, 장섭에게서 이상한 낌새를 느낀 상아

C#13

상아 너머 장섭

장섭   니 그 돈 다 모아다가 뭐할라꼬? 뭐, 벽지로 쳐
바르게?

C#14

장섭 OS 상아

상아, 된장에 청양고추를 푹 찍으며 아까부터 괜히 툴툴대는
장섭을 빤히 보는데, 그의 수저질이 영 신통치가 않은 게 뭔가
눈치를 챈 듯.

상아   야, 장존만.

C#15

장섭 단독

그 애칭(?)은 상아의 어떤 신호인가보다.
흠칫 보는 장섭.

상아   뭐냐.
장섭   뭐가.

C#16

장섭 OS 상아

상아   눈알이 떨리잖아.

순대국집 - 안   낮 | 오픈 세트

밥을 먹는 두 사람, 장섭에게서 이상한 낌새를 느낀 상아

C#17

장섭 단독

에라, 장섭이 말없이 소주잔을 쭉 들이켜자,

C#18

상아 CU

어떤 예감이 스치는 상아의 눈빛.

32

안치실 - 복도　　　　　　　　　　　　　　　　　**저녁 | 오픈 세트**

안치실로 향하는 상아와 장섭

C#1-1

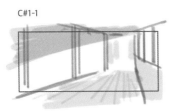

복도 FS

창문을 통해 길게 이어져내린 햇살이 온기라곤 없는 색감의 바닥 위로 규칙적인 마름모꼴 문양을 만들어낸 복도.

C#1-2

장섭 F.I - 상아 F.I

앞서 가는 장섭 뒤로 상아,

C#2

[점점 고속] 상아 측면 Follow

자기보다 두 배는 커 보이는 파카에 마치 몸을 숨긴 듯, 바짝 작아져 주머니에 손을 찔러넣은 채 따라가는…

장섭[OS]　　부검 결과 나와 봐야겠지만…

안치실 - 안   저녁 | 오픈 세트

정명숙의 시신을 확인하며 사인을 물어보는 상아

[전 씬 선행 대사]

장섭[OS]   부검 결과 나와봐야겠지만…

C#1

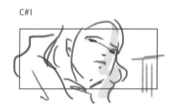

상아 앙각 단독

상아, 정명숙의 시신 옆으로 비스듬히 선 채 눈을 내리깔고 보는데…

C#2

상아 POV 장섭 OS 명숙

장섭   지금으로선 폐암으로 가신 것 같다.

C#3

장섭 OS 상아 (명숙 POV 같이)

무표정한 얼굴, 싸한 눈빛이 그녀의 시신을 찬찬히 훑어내리는데…

장섭   얼굴 보니 기억은 좀 나?

S#005B	안치실 - 안	저녁 | 오픈 세트

정명숙의 시신을 확인하며 사인을 물어보는 상아

C#4

상아 POV 명숙 얼굴 CU Moving

장섭   한 30년 됐제.

입술 옆의 점,

C#5

상아 POV 명숙 손목 CU Moving

자살을 시도한 듯한 손목의 흉터까지 타고 내려오던 상아의 시선.

C#6

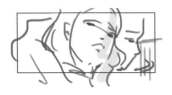

상아 앙각 단독

순간 어떤 기억이 되살아난 듯 분노, 슬픔, 경멸 등 갖가지 감정들이 가슴 깊은 곳에서부터 올라와 부딪혀 눈빛이 일렁이는데…

C#7

상아 OS 장섭

이내 감정을 삼키는 상아의 목울대가 꿀렁이는 걸 보는 장섭.

안치실 - 안   저녁 | 오픈 세트

정명숙의 시신을 확인하며 사인을 물어보는 상아

C#8

상아 측면

다시 고개를 든 상아의 눈빛에선 어떤 감정도 읽을 수 없다.

C#9

상아 OS 장섭

다시 명숙을 보는 장섭.

C#10-1 `TOP`

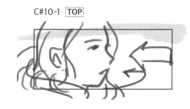

상아 측면 - 상아 Follow

상아, 돌아선다.

C#10-2 `END`

상아 뒷모습

장섭   화장할까?
상아   (멈춰 선다) …

안치실 - 안　　　　　　　　　　　　　　　**저녁 | 오픈 세트**

정명숙의 시신을 확인하며 사인을 물어보는 상아

C#11

장섭 단독

장섭　　　니가 보호자 아이가.

C#12

상아 뒷모습

상아　　　(비웃으며) 보호자…

C#13

장섭 단독

장섭　　　마, 그래도…

C#14-1 　TOP

상아 뒷모습

상아　　　저 여자.
장섭　　　…

C#14-2 END

상아 앞모습

장섭 쪽으로 돌아보는 상아.

상아   얼마나 외롭고 고통스럽게 죽었는지 확인하고
             싶어서, 그래서 온 거야. (잠시) 알아서 해.

다시 돌아서는 상아.

C#15-1

상아 F.O

미련 없이 나가버리는 상아.

C#15-2

장섭 FS

차마 잡지 못하는 장섭의 무거운 얼굴.

S#007A

슈퍼 - 앞 골목 　　　　　　　　　　　　　　　밤 | 로케이션

슈퍼 앞에서 마주친 상아와 지은 / 다시 돌아온 상아와 마주한 두 사람

C#1

동네 골목 부감 지은 LS

다세대주택과 원룸 건물이 줄지어 늘어선 골목. 늦은 시각인
듯 드문드문 불 꺼진 상점의 간판들이 보이는 길 어귀.

C#2

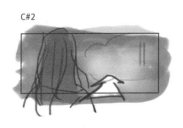

지은 뒷모습 CU Follow

하… 어둠 속으로 퍼지는 입김.

C#3

지은 발 정면 Follow (망원)

밤이슬이 성에가 되어 하얗게 내려앉은 아스팔트 위로 커다란
남자 슬리퍼를 질질 끌고 가는 조그마한 아이의 발.

C#4

지은 발 측면 Follow

(한참 걷던 지은의 발이)

불 꺼진 슈퍼 앞에서 멈춰 선다.

슈퍼 - 앞 골목   **밤 | 로케이션**

슈퍼 앞에서 마주친 상아와 지은 / 다시 돌아온 상아와 마주한 두 사람

C#5

슈퍼 셔터 - 지은 손 F.I

방범창을 쥐고 흔드는 손은 기이할 정도로 조그맣고 삐쩍 말라서 언뜻 외계인의 손처럼 보이기도 하는데…

C#6

지은 후측면 CU 너머 방범창

방범창을 쥐고 흔드는 지은.

C#7

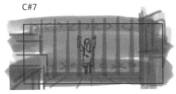

[카메라 슈퍼 안] 방범창 너머 지은 FS

방범창을 쥐고 흔드는 지은.

S#007B C#1-1

상아 MS - Follow Pan

S#007B. 상아 집 - 앞

집에서 나오는 상아.

| 슈퍼 - 앞 골목 | 밤 \| 로케이션 |

슈퍼 앞에서 마주친 상아와 지은 / 다시 돌아온 상아와 마주한 두 사람

S#007B C#1-2

상아 뒷모습 Follow

슬리퍼를 끌고 집을 나서 슈퍼로 가던 상아.

C#8-1　TOP

상아 단독

멀찍이 불 꺼진 슈퍼를 본다.

C#8-2

김빠지는 듯 돌아서다 말고

C#8-3　END

그 앞의 뭔가를 발견, 시선이 멈추는데…

슈퍼 앞에서 마주친 상아와 지은 / 다시 돌아온 상아와 마주한 두 사람

C#9

상아 POV 지은 FS

키 120센티미터 정도의 깡마른 아이가 얇은 반팔 티, 반바지 차림으로 선 채 슈퍼의 방범창을 붙들고 흔들 힘도 없는지 멍하니 돌아서는 모습.

(슈퍼 앞에 앉아 있는 지은)

C#10

상아 CU

(지은의 상처를 보는 상아)

순간, 거리를 두고서 그 아이와 눈이 마주치는 상아.

C#11

상아 POV 지은 (상처가 보이는 샷)

(반팔 티 아래로 나뭇가지처럼 마른 팔목)

C#12

상아 CU - 상아 Follow Pan

눈빛이 흔들리던 찰나, 파카 주머니에 손을 찔러넣은 채 훅 돌아서 아이를 외면하고 성큼성큼 가버리는 발걸음.

S#007A | 슈퍼 - 앞 골목 | 밤 | 로케이션

슈퍼 앞에서 마주친 상아와 지은 / 다시 돌아온 상아와 마주한 두 사람

S#007B C#2

상아 뒷모습 BS

S#007B. 상아 집 - 계단

킁, 옷소매로 콧물을 훔치며 현관으로 들어서 계단을 올라서
던 상아. 추위에 웅크린 등이 어느 순간 멈춰 서는데…

C#13

지은 발 측면 CU

잔뜩 작아진 채 여태 슈퍼 앞에서 바들바들 떨고 있던 아이의
모습 위로 조용하게 드리우는 그림자.

(무언가를 본 듯 살짝 뒤로 밀려나는 지은의 발)

C#14

상아 POV 지은

(상아를 올려다 보는 지은)

C#15

상아 단독 (아이 레벨)

결국 다시 돌아온 상아. 주머니에 손을 찔러넣은 채 눈을 차갑
게 깔고 아이를 내려보는 눈빛.

| 슈퍼 - 앞 골목 | 밤 | 로케이션 |

슈퍼 앞에서 마주친 상아와 지은 / 다시 돌아온 상아와 마주한 두 사람

C#16

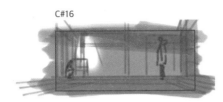

상아 지은 2Shot FS (카메라 바닥 레벨)

어둡고 추운 겨울 밤, 그렇게 마주 선 두 사람의 모습에서…

TITLE IN

| 포장마차 - 안 / 앞 | 밤 | 오픈 세트 / 로케이션 |

지은에게 먹을 것을 사주는 상아, 지은을 데리러 온 미경

C#1-1

상아 측면 CU

담배 연기를 뱉으며 다리를 꼬고 팔짱을 낀 채

C#1-2

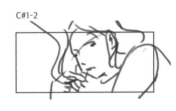

곁눈으로 아이를 살피는 상아.

C#2

지은 손 CU

닭똥집, 순대볶음 등 아이에게 어울리지 않는 메뉴가 즐비한 포장마차. 상아가 벗어준 장섭의 오리털 파카에 파묻혀 있던 아이, 주인이 쓰키다시로 당근과 오이를 내어주기가 무섭게 양손으로 그걸 집더니

C#3

지은 입 CU

행여 누가 뺏어먹기라도 할까 입에 우적우적 욱여넣는데…

포장마차 - 안 / 앞　　　　　　　　**밤 | 오픈 세트 / 로케이션**

지은에게 먹을 것을 사주는 상아, 지은을 데리러 온 미경

C#4

상아 측면 CU

(아이를 바라보는 상아)

C#5

다른 손님들 OS 상아, 지은 2Shot (망원)

다른 테이블의 손님들이 그런 아이와 마주 앉은 상아를 이상한 듯 흘끔 돌아보고,

C#6

지은 BS

선명한 조명 아래서 비로소 성별이 드러난, 아홉 살의 여자아이 김지은. 마치 야생에서 자란 아이처럼 머리는 오래 감지 않아 떡 진 채 거칠게 자랐고, 기름기 하나 없이 마른버짐이 핀 얼굴. 그리고 젓가락을 쥔 손은 기이할 정도로 조그맣고 비쩍 말라 있는데…
목이 막히는 듯 아이가 켁켁대자

C#7

상아 측면 CU

(지은을 보는 상아)

S#008

포장마차 - 안 / 앞 　　　　　밤 | 오픈 세트 / 로케이션

지은에게 먹을 것을 사주는 상아, 지은을 데리러 온 미경

C#8

물컵 CU

상아, 마지못해 물컵을 슥 밀어준다.

C#9

지은, 상아 뒷모습 2Shot

물컵을 사이에 둔 두 사람.

C#10

지은 정면 CU

(물컵을 바라보는 지은)

C#11

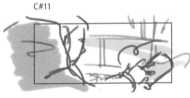

지은 후측면

하지만 물컵이 손에서 미끄러져 테이블에 물이 쏟아지자

포장마차 - 안 / 앞   밤 | 오픈 세트 / 로케이션

지은에게 먹을 것을 사주는 상아, 지은을 데리러 온 미경

C#12

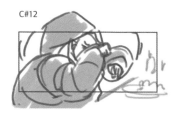

지은 측면 단독

지은, 반사적으로 누가 때리기라도 할까 팔로 얼굴을 막는
데…

C#13

지은 OS 상아

상아, 그러든 말든 관심도 없는 듯

C#14-1

상아 어깨 너머 담배 부감 - Pan

(담배를 바닥에 던져 끄고)

C#14-2

상아 손, 물컵 CU

컵에 다시 물을 따르고

포장마차 - 안 / 앞　　　　　　　　**밤 | 오픈 세트 / 로케이션**

지은에게 먹을 것을 사주는 상아, 지은을 데리러 온 미경

C#14-3

소주잔 Follow

(소주잔을 드는 상아)

C#14-4

상아 후측면 CU

소주잔을 쭉 들이켤 뿐.

C#15

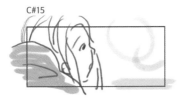

지은 후측면 CU

처음으로 그런 상아를 물끄러미 올려보던 지은. 엎지른 물을 고사리손으로 닦아내며, 용기를 내 말을 꺼내본다.

C#16-1

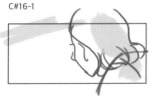

상아 후측면 CU

지은　　잘못… 했습니다…
상아　　…
지은　　아줌마…

S#008

포장마차 - 안 / 앞　　　　　　　　　　**밤 | 오픈 세트 / 로케이션**

지은에게 먹을 것을 사주는 상아, 지은을 데리러 온 미경

C#16-2

상아 정면

아이와 한 마디도 안 섞을 기세이던 상아,
그래도 '아줌마' 호칭은 싫은가보다.

C#17

지은 후측면 CU

상아　　　아줌마, 아니다.

상아의 싸늘한 목소리와 눈빛에 잔뜩 기죽어 더 작아진 지은.

지은　　　(머뭇거리다) 선… 생님…

C#18

상아, 지은 정면 2Shot

사연 많았던 하루의 끝에, 대체 내가 이 애랑 앉아서 뭘 하고
있는 거지… 순간 피로와 짜증이 몰려오는 상아의 얼굴.

상아　　　야.

C#19

지은 후측면 CU

지은　　　… (본다)

포장마차 - 안 / 앞　　　　　　　　**밤 | 오픈 세트 / 로케이션**

지은에게 먹을 것을 사주는 상아, 지은을 데리러 온 미경

C#20

상아 후측면 CU

상아　　　　그냥 질척거리지 말고… 먹고, 가라.

C#21-1

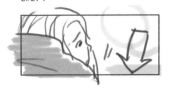

지은 후측면 CU - Tilt Down

그녀의 냉담한 태도에 말문이 막혀 고개를 푹 숙이는 지은.

C#21-2

지은 OS 손 CU

불안한 듯 손끝을 뜯는 아이.

C#22-1

상아 후측면 CU

눈을 내리깔고 보던 상아.

지은에게 먹을 것을 사주는 상아, 지은을 데리러 온 미경

C#22-2

그녀의 날 선 눈빛이 점점 누그러지던 끝에…

(지은에게서 시선을 거두는 상아)

C#23

<u>상아 정면 단독</u>

상아   … 미쓰백.

C#24

<u>지은 정면 단독</u>

(고개 들어 상아를 보는 지은)

C#25

<u>상아 지은 정면 2Shot</u>

상아   그렇게, 부르라고.

'츤데레' 상아, 자기 딴에는 다정하게 뱉는다고 뱉는데, 영 시원찮다.

상아   (괜히 혼자 궁시렁) 시팔, 지금 뭐 하는 거야…

포장마차 - 안 / 앞　　　　　　**밤 | 오픈 세트 / 로케이션**

지은에게 먹을 것을 사주는 상아, 지은을 데리러 온 미경

C#26

지은 정면 단독

하지만 그제야 상아를 바라보는 눈빛에 경계가 풀리는 지은.
덕분에 두 사람 사이의 공기가 아까보다는 좀 부드러워진 것
같다.

지은　　　저는 김… 지은.

C#27

상아 정면 단독

상아, 관심 없다는 듯 다시 술을 따른다.

C#28

지은 정면 단독

지은　　　구 살…

C#29

지은 OS 상아 BS

그러면서 은근 다 듣고 있었던 듯 '구 살'이 뭔가 싶어 보던 상
아. '아, 아홉 살.' 애가 좀 모자란가, 아래위로 훑는데… 키도,
얼굴도, 체격도 아홉 살이라기엔 너무도 왜소해 보이는 모습.

상아　　　넌 근데 왜 맨날 볼 때마다 홀딱 벗고 다니냐?
　　　　　대체 부모가 뭐 하는 년놈들이길래… 엄마, 아
　　　　　빠는?

포장마차 - 안 / 앞   **밤 | 오픈 세트 / 로케이션**

지은에게 먹을 것을 사주는 상아, 지은을 데리러 온 미경

C#30

<u>상아 OS 지은 BS</u>

지은   (손톱을 뜯다가) 아빠… 아빠만 집에 있어요.

C#31

<u>지은 OS 상아 BS</u>

아이의 손등에 빛바랜 멍 자국을 턱 끝으로 가리키는 상아.

상아   그거 아빠 짓이야?

C#32

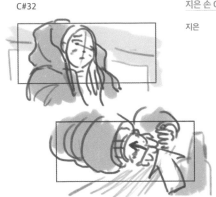

<u>지은 손 CU - Tilt Up - 지은 CU</u>

지은   … (손톱만 뜯는 지은)

포장마차 - 안 / 앞　　　　　　　**밤 | 오픈 세트 / 로케이션**

지은에게 먹을 것을 사주는 상아, 지은을 데리러 온 미경

C#33

상아 BS - Follow Tilt Up

상아　　　　　(한숨) 됐다.

상아, 피곤한지 계산을 하려고 일어서는데…

미경　　　　　지은아. 어머, 이 시간에 너 왜 여기 있어.

상아, 뒤에서 들려오는 소리에 고개를 돌린다.

C#34-1

미경 뒷머리 CU - 오른쪽으로 Moving

밖에서 그들을 보고 들어서는 30대 초반의 주미경.
퇴근길이었던 듯 굽 높은 힐, 깔끔한 세미정장에 단정하게 빗
어올린 머리. 살집 있는 평범한 외모인데, 외모에 꽤 공들이는
듯 보이는 차림새.

미경　　　　　안녕하세요, 언니.

C#34-2

미경 OS 상아

아는 얼굴인 듯 보는 상아.

C#35

상아 OS 미경

목 인사를 까딱 하는 미경의 어색한 눈웃음.

미경　　　　　여기 지나가는데 아무리 봐도 얘 같은 거야.

S#008

포장마차 - 안 / 앞　　　　　　　　밤 | 오픈 세트 / 로케이션

지은에게 먹을 것을 사주는 상아, 지은을 데리러 온 미경

C#36

미경 OS 상아

상아　　　그쪽 애…?

C#37

상아 OS 미경

미경　　　아니, 뭐. 그렇다기보다…

대답을 얼버무리던 미경. 애가 먹은 음식들을 난감한 듯 보는
데…

C#38

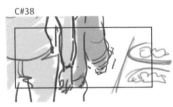

미경 POV 상아 너머 지은

(숨어 있는 지은과 지은이 먹은 음식들)

C#39

미경 단독

미경　　　아, 애가 몸이 좀 안 좋아서 아무거나 먹이면 안
　　　　　되는데,

63

| **S#008** | 포장마차 - 안 / 앞 | 밤 | 오픈 세트 / 로케이션 |

지은에게 먹을 것을 사주는 상아, 지은을 데리러 온 미경

C#40

상아 단독

미경   그랬더니 밖에 나와서 아무나 보면 배고프다 그러고…

그런데 미경의 말에 끝나기도 전에, 어떤 느낌에 상아의 입가가 움찔. 아득한 시선을 따라 내려가면,

C#41

상아 손, 지은 손 CU

상아의 손끝을 움켜쥔 아이의 손.

C#42-1 **TOP**

상아 CU - Pan

그 작은 손이 바들바들 떨리는 걸 보는 상아의 눈빛도 파르르…

C#42-2

미경 Follow

미경   미안해요, 언니. 이건 내가 계산할게요.

포장마차 - 안 / 앞	밤	오픈 세트 / 로케이션

지은에게 먹을 것을 사주는 상아, 지은을 데리러 온 미경

C#42-3

미경 F.O

계산하러 가는 미경.

C#42-4 [END]

상아 단독

미경, 지갑을 꺼내다 말고 지은이 입은 옷을 보는데…

미경　　　그 옷, 돌려 드려야지, 김지은.

(지은 쪽을 보는 상아)

C#43

상아 POV 미경, 지은

그 말에 지은, 손에 힘이 없어서 지퍼도 잘 내리지 못하자 미경이 옷을 벗겨주는데,

C#44

상아 CU

(뭔가를 발견한 듯한 상아의 표정)

65

포장마차 - 안 / 앞	밤 | 오픈 세트 / 로케이션

지은에게 먹을 것을 사주는 상아, 지은을 데리러 온 미경

C#45

상아 POV 지은 상처

어깨에 드러나는 선명한 멍 자국.

C#46

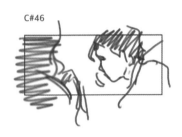

상아 OS 미경 CU

순간 당황한 듯 상아의 눈치를 살피는 미경.

C#47-1

상아 CU - Tilt Down

미경을 보는 상아의 눈빛.
상아 시선을 타고 내려가면,

C#47-2

장섭 파카 - 상아 손 F.I - 파카 Follow

미경과 지은은 사라지고 장섭 파카만 남아 있다. 장섭 파카를
들어올리는 상아.

포장마차 - 안 / 앞　　　　　　　　　　　　**밤 | 오픈 세트 / 로케이션**

지은에게 먹을 것을 사주는 상아, 지은을 데리러 온 미경

C#47-3

상아 뒷모습 Follow

파카를 다시 입으며 밖으로 나가는 상아.

C#47-4

상아 F.O

가게 앞에 세워둔 BMW 문을 열고 지은을 태우는 미경. 힘없이 돌아보는 아이의 아련한 얼굴을 외면한 채 돌아서는 상아.

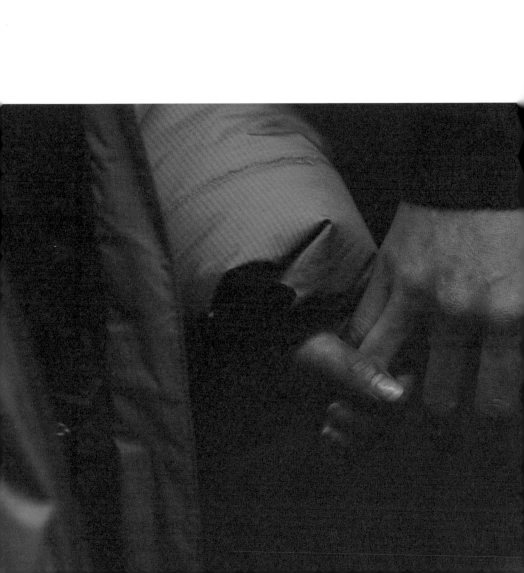

거리 (고가도로 밑) - 위　　　　　　　　　　낮 | 로케이션

S#022

거리에서 상처가 늘어난 지은을 발견하고 분노하는 상아

C#1-1

상아 뒷모습 Follow

거센 바람이 몰아치는 육교 위, 무거운 발걸음을 옮기는 상아의 뒷모습. 유난히 더 조그맣고 굽어 보이는 등이 바들바들 떨리고 있는데,

C#1-2

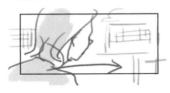

상아 측면 CU

창백하게 질린 얼굴, 가슴속 깊은 곳에서 요동치는 감정을 부수려 입술을 악물지만 이미 그녀의 눈빛은 거세게 물결치고 있었다.

C#2-1

상아 정면 Follow

육교를 내려와

C#2-2

상아 Follow Pan

돌아서다 말고 길 건너 뭔가를 보더니

거리 (고가도로 밑) - 위 　　　　　　　　　**낮 | 로케이션**

거리에서 상처가 늘어난 지은을 발견하고 분노하는 상아

C#2-3

탁, 발걸음이 멈춰 서는데…

C#3

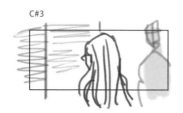

상아 POV 지은 단독

길 건너엔, 그날 밤처럼 반바지에 반소매 차림으로 선 지은의
뒷모습. 아이가 보이지 않는 건지, 못 본 척하는 건지 바쁘게
지나는 사람들 사이,

C#4

상아 BS (망원)

(지은을 발견한 상아)

거리 (고가도로 밑) - 위   낮 | 로케이션

거리에서 상처가 늘어난 지은을 발견하고 분노하는 상아

C#5

지은 얼굴 ~ 손톱 상처 Moving

앙상한 어깨와

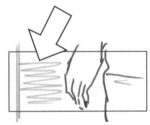

멍든 팔 아래로 손톱이 빠져서 시뻘겋게 부은 손가락.

C#6

상아 주먹 CU

그걸 보는 순간, 상아의 손끝도 파르르 떨려오기 시작하는데.

S#022 거리 (고가도로 밑) - 위   낮 | 로케이션

거리에서 상처가 늘어난 지은을 발견하고 분노하는 상아

C#7

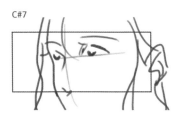

상아 눈 CU

밀쳐내고 싶지만 받아들일 수밖에 없는 불가항력적인 무엇을 바라보듯 우두커니 선 그녀의 눈빛이 불안정하게 파도치던 끝에…

C#8-1

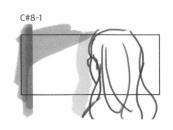

상아 POV 지은 뒷모습

아이가 슥 고개를 돌려

C#8-2

지은 앞모습

그녀와 눈이 마주치는 순간,

C#9-1 TOP

[고속] 상아 BS - Camera In

거리의 시끄럽던 소음이 순식간에 사그라지고,
상아 시선 속, 가슴 깊은 곳에서부터 귓전을 울리는 심장 박동.

S#022

거리 (고가도로 밑) - 위   낮 | 로케이션

거리에서 상처가 늘어난 지은을 발견하고 분노하는 상아

C#9-2

[고속] 상아 CU

마치 시간이 멈춘 듯 흐릿해지던 상아가 한 걸음, 두 걸음…

C#9-3   END

[고속] 상아 Follow

이끌리는 자석처럼 결국 다시 지은에게로 다가가는데.

C#10-1

[고속] 상아 POV 지은 FS - Camera In

(지은에게 다가가는 상아의 시선)

C#10-2

[고속] 지은 MS

S#022

거리 (고가도로 밑) - 위　　　　　　　　**낮 | 로케이션**

거리에서 상처가 늘어난 지은을 발견하고 분노하는 상아

C#11

[고속] 상아 BS Follow

(지은에게 다가가는 상아)

C#12-1

[고속] 상아 POV 지은 MS - Camera In

자신에게 다가와준 상아를 올려보는 지은.

C#12-2

[고속] 지은 CU

상아의 시선 속 지은의 그 눈빛에서…

지은　　　　　미쓰백…

C#13

[고속] 상아 CU

그 음성에 순간, 마음속 무언가 쿵 내려앉듯 요동치는 상아의 시선. 마치 꿈에서 깨어나듯 다시 현실의 소음들이 귓전을 울리는데, 자신이 길을 건너던 중이었던 걸 그제야 깨달은 상아.

| 거리 (고가도로 밑) - 위 | 낮 | 로케이션 |

거리에서 상처가 늘어난 지은을 발견하고 분노하는 상아

C#14

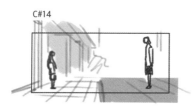

상아, 지은 2Shot

(마주 선 두 사람)

C#15-1 [TOP]

상아 CU - 욕하는 차 쪽으로 살짝 Pan

빵— 달려오던 차가 그녀에게 경적을 때리자 피할 수 있는 거리임에도 지은에게 정신이 팔려 그 자리에 우두커니 선 모습.

C#15-2

상아 너머 차 - 상아 Follow

빵빠앙! 결국 그 차가 상아를 비켜가며, 운전자가 그녀에게 욕을 퍼붓고.

C#15-3

상아 OS 지은 - 상아 Follow

그런 상황에서도 먼저 다가와준 상아를 보는 지은의 촉촉해진 눈빛.

거리 (고가도로 밑) - 위　　　　　　　　　　　　**낮 | 로케이션**

거리에서 상처가 늘어난 지은을 발견하고 분노하는 상아

C#15-4 　END

상아 OS 지은

상아, 아이가 말문을 열기도 전에 다짜고짜 다가서 그 팔목을
낚아채는데,

C#16

상아 CU

상아　　　　그년이야?!

자신의 감정을 표출할 줄 몰라 무턱대고 언성을 높이는 상아.

C#17

상아 OS 지은 CU

그리고 그런 그녀를 물끄러미 보기만 할 뿐 아무 대답도 않는
지은.

C#18

상아 CU

상아　　　　말해. 주미경 그년 짓이냐고!

S#022

| 거리 (고가도로 밑) - 위 | 낮 l 로케이션 |

거리에서 상처가 늘어난 지은을 발견하고 분노하는 상아

C#19

상아 OS 지은 손

이마가 깨져 남은 거친 흉터, 손톱이 빠져 검붉은 핏자국이 얼룩진 손엔 꾸깃한 천 원짜리 한 장을 조그만 주먹으로 움켜쥐고 있었다.

C#20

상아 CU

하⋯
지은의 팔목을 잡고 있던 손에 힘이 풀리는 상아.

C#21

지은 CU (부감)

내색하지 않지만 어떤 감정과 두려움이 북받치듯, 얇은 티셔츠 아래로 아이의 쇄골이 미세하게 오르락내리락 숨을 몰아쉬고 있다.

C#22

상아 측면 BS

상아의 무너지는 눈빛.

S#023A	아동복 매장 - 앞	낮 | 로케이션
	지은을 데리고 어디론가 가는 상아	

C#1

<u>상아, 지은 뒷모습 2Shot</u>

매장 앞.
상아, 지은의 팔을 잡아끌고 어디론가 향한다. '아이'라는 존재
와 전혀 어울리지 않는 모습에 그녀가 지은을 데리고 가는 걸
돌아보는 사람들.

| | 아동복 매장 - 안 | 낮 | 오픈 세트 |

아동복 매장 - 안 / 낮 | 오픈 세트

지은에게 따뜻한 옷과 신발을 사주는 상아

C#1

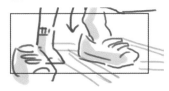

지은 발 CU

신발 코너.
신발을 골라서 지은에게 신겨보는 상아.

C#2

상아 손 CU

아동복 코너.
탁탁탁, 옷걸이에 걸린 옷들을 빠르게 넘겨서 보는 상아.
최대한 따뜻해 보이는 긴팔 티와 바지, 외투를 골라내는데.

C#3

아동복 F.I

카운터 위에 수북하게 올려진 각종 아이 옷과 용품들. 당황한
매장 직원.

86

롯데리아 - 안　　　　　　　　　　　　　　　　　　　　**낮 | 오픈 세트**

지은에게 햄버거를 사주고 생각을 정리하는 상아

C#1

지은 FS

상아가 사준 옷들을 겹겹이 껴입어 에스키모가 된 채 서 있는 지은.

C#2-1

지은 OS 상아 - Boom Down

'저거 주고, 저것도 줘'
귀찮은 듯 햄버거를 주문 중인 상아를 보는데,

C#2-2

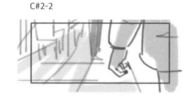

지은 손 반창고 CU

손톱이 빠졌던 아이의 손끝엔 역시, 서투르게 겹겹이 감긴 반창고.

C#3

지은 BS

시간 경과 —

지은과 마주 앉은 상아, 자기 얼굴만 한 햄버거를 먹는 지은.

S#024

롯데리아 - 안   낮 | 오픈 세트

지은에게 햄버거를 사주고 생각을 정리하는 상아

C#4-1 TOP

지은 머리 OS 상아

상아, 공허한 눈으로 아이를 가만히 보다

C#4-2 END

이내 골치 아픈 듯 머리를 헝큰다.

상아   나도 모르겠다.

C#5-1

지은 BS - Tilt Down

지은, 그런 그녀의 눈치를 살피듯

C#5-2

햄버거 CU

먹던 햄버거를 가만히 내려놓자

롯데리아 - 안 낮 | 오픈 세트

지은에게 햄버거를 사주고 생각을 정리하는 상아

C#6

지은 OS 상아

그 모습에 또 마음이 약해진 상아.

상아 걍 마저 먹지.

C#7

상아 OS 지은

지은 (고개를 젓는다)
상아 (잠시) 아까, 어디 갈라 그랬는데.

C#8

지은 OS 상아

지은 … 배고파서…

C#9

지은 측면

상아 그 인간들, 밥은 안 주면서 돈은 주냐.

롯데리아 - 안　　　　　　　　　　　　　**낮 | 오픈 세트**

지은에게 햄버거를 사주고 생각을 정리하는 상아

C#10

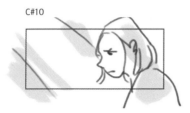

상아 측면

지은　　　때리면…

상아　　　(기가 막힌다)

C#11

상아 손, 감자튀김 CU

지은　　　돈 줘요.

상아, 열이 오르는 듯 한숨을 내뱉으며 애꿎은 감자튀김만 부러뜨리는 손.

상아　　　너 이런 거,

C#12

상아 OS 지은

상아　　　아는 사람 없고?

고개 푹 숙인 채 대답 없는 지은.

C#13

지은 OS 상아

입술을 깨물며 잠시 생각을 정리하던 상아,

롯데리아 - 안   낮 | 오픈 세트

지은에게 햄버거를 사주고 생각을 정리하는 상아

C#14

창문 너머 상아 CU

긴 감자튀김 하나를 뚝 부러뜨리더니…

상아   일어나.

지은 집 - 화장실 A 세트: 기존 세트 / B 세트: 댕강 세트 **아침 | 세트**

(플래시백) 화장실에서 햇볕을 만지는 지은

C#1 A 세트

지은 FS

조그만 창 밖에서 새어들어오는 햇빛만이 형체를 알아볼 수 있는 어두컴컴한 화장실 내부, 불규칙적인 숨소리가 들려오고, 추위와 공포에 바들바들 떨고 있는 아이의 조그만 실루엣이 보인다.

C#2 A 세트

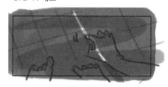

햇볕, 지은 손 CU

어느 순간, 자신의 발 아래로 드리우는 햇빛의 흔적을 가만히 만져보는 조그마한 손가락.

지은 집 - 화장실 A 세트: 기존 세트 / B 세트: 댕강 세트   **낮 | 세트**

(플래시백) 화장실에서 시간을 보내는 지은

C#1-1 B 세트

배관 너머 지은 CU

공포가 서서히 사그라지는 얼굴.
그제야 아이의 귓가에 그 조그마한 창밖으로 삶의 소리들이
들려온다.
차들이 지나다니는 소리, 동네 아줌마들의 수다 소리, 또래 아
이들의 왁자지껄한 웃음소리에 가만히 귀 기울이는 지은.

C#1-2

(구두 소리에 고개를 드는 지은)

지은 집 - 화장실 A 세트: 기존 세트 / B 세트: 댕강 세트 **밤 | 세트**

(플래시백) 밖을 지나가는 상아를 보던 지은, 미경이 들어오자 하얗게 질린 지은

C#1 B 세트

지은 ECU

(바깥 소리를 듣는 지은)

C#2-1 B 세트

세면대 너머 지은 정수리 - Boom Up

(바깥 소리를 듣는 지은)

C#2-2

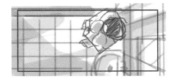

C#3 B 세트

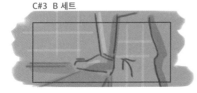

지은 발 CU

조심스럽게 욕조에 발을 디뎌

지은 집 - 화장실 A 세트: 기존 세트 / B 세트: 댕강 세트   **밤 | 세트**

(플래시백) 밖을 지나가는 상아를 보던 지은, 미경이 들어오자 하얗게 질린 지은

C#4 A 세트

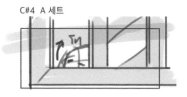

창틀 너머 지은 얼굴 F.I

힘겹게 눈만 빼꼼 창밖으로 내밀면, 또각또각, 여자의 구두 소리가 아이의 귓전을 울리는데…

S#028 C#1

지은 POV 상아 FS

S#028D. 지은 집 - 앞 (로케이션 분량)

언젠가, 집 앞을 지나쳐 가던 상아의 모습을

C#5 A 세트

가만히 지켜보던 지은의 눈빛.

미경[OS]   야, 김일곤.

C#6 B 세트

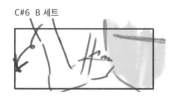

세면대, 지은 발 CU

세면대에서 미끄러지는 지은의 발.

지은 집 - 화장실   A 세트: 기존 세트 / B 세트: 댕강 세트   **밤 | 세트**

(플래시백) 밖을 지나가는 상아를 보던 지은, 미경이 들어오자 하얗게 질린 지은

C#7 A 세트

창틀 너머 지은 F.O

미경[OS]　　　내가 니가 싸지른 딸까지 먹여 살리느라

C#8 B 세트

지은 부감 FS

미경[OS]　　　어떤 놈들 똥구녕까지 핥고 다니는지 지금 몰라
　　　　　　　서 그래? 어?!

와장창 구르는 지은.

C#9-1 B 세트

지은 CU - 거실 빛 In

고통에 무릎을 잡고 뒹구는 와중에도 문밖으로 다가오는 미경
의 인기척에

(잠시 후, 벌컥 문이 열리자 자리에서 일어나는 지은)

C#9-2

지은 FS

자신의 존재를 없애려는 듯 세면대 아래 몸을 감춘 채 숨소리
를 죽인다.

S#029	카센터 - 안	낮 | 로케이션

지은에게 가고 싶은 곳을 물어보다가 마이랜드 광고를 발견하는 상아

C#1

지은 측면 ECU

아득하던 지은의 시선이 다시 맑아지면,

C#2-1

상아, 할배 FS - 할배 F.O

상아가 보인다.
멀찍이 작업복을 입은 채 할배와 실랑이를 벌이고 있는 모습.
상아, 할배가 또 날로 먹으려 들었는지 깨끗하게 세차 끝난 차
에 다시 콱 비누칠을 해버리고 돌아서고, 한숨 쉬는 할배가 또
만 원 한 장을 더 쥐여주자

C#2-2

상아 FS

그제야 또 인심 쓰듯 다시 작업복을 입는 상아의 모습에

(다시 세차를 하는 상아)

C#3

지은 CU

그녀를 지켜보는 지은의 입가에 희미한 미소가 감돈다.

카센터 - 안   **낮 | 로케이션**

지은에게 가고 싶은 곳을 물어보다가 마이랜드 광고를 발견하는 상아

C#4

지은 POV 상아 측면 CU

시간 경과 —

치마를 걷은 채 꾸부정하게 쭈그려 앉아 담배에 불을 붙이는
상아.

C#5

지은 단독

(상아를 보고 있는 지은)

C#6

지은, 상아 2Shot FS

그 옆에 어색한 간격으로 같은 자세로 쭈그려 앉은 지은.

C#7

할배 FS

할배가 묘하게 희한한 그 투 샷을 물끄러미 보더니 설레설레
지나가고.

카센터 - 안　　　　　　　　　　　　　　　　　　　　　　**낮 | 로케이션**

지은에게 가고 싶은 곳을 물어보다가 마이랜드 광고를 발견하는 상아

C#8

지은, 상아 2Shot

상아　　근데 너, 어디 갈 데… 없냐?
지은　　…
상아　　물어본 내가… 시팔.

C#9

지은 후측면 CU

잠시 먼 산을 보던 상아의 귓전에 들리는 목소리.

지은　　　　… 18…

C#10

상아 CU

상아　　(흠칫) 야! (머뭇거리다) 너한테 욕한 거 아니
　　　　야… 나한테 한 거야.

C#11

지은 CU

지은　　… 미쓰백은… 미쓰백이 싫어요?

카센터 - 안   **낮 | 로케이션**

지은에게 가고 싶은 곳을 물어보다가 마이랜드 광고를 발견하는 상아

C#12

<u>상아 CU</u>

속내를 들킨 듯 한동안 아무런 말이 없던 상아.

C#13

<u>지은 후측면 CU</u>

지은   …

C#14

<u>상아 CU</u>

이제 꽤 말대답도 하는 지은과 자기도 모르게 대화를 주고받던 자신을 깨달은 상아.

C#15

<u>지은, 상아 2Shot</u>

다시 '내가 지금 뭐 또 하는 거야' 머리를 헝클다 캬악 퉤, 담배를 끄고 일어서는데…

카센터 - 안   **낮 | 로케이션**

지은에게 가고 싶은 곳을 물어보다가 마이랜드 광고를 발견하는 상아

C#16

상아 CU

문득 맞은편 차창에 비친 지은의 모습에 시선이 가는 상아.

C#17

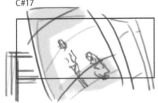

상아 POV 차 부품 반사 상아, 지은 2Shot

자기와 똑같은 자세로 웅크린 채 쭈그려 앉아 손가락 장난을 하는 아이.

C#18-1

상아 ECU

아이를 보는 상아 눈빛이 꿈틀, 이내 무뚝뚝하게 툭 던지는 말.

상아   너 갈 데 없으면, 어디 가고 싶은 데는… 있나?

C#18-2

아이가 선뜻 대답을 않자 상아, 슬그머니 핸드폰을 꺼내더니 뭔가 검색한다.

카센터 - 안   **낮 | 로케이션**

지은에게 가고 싶은 곳을 물어보다가 마이랜드 광고를 발견하는 상아

C#19

상아 핸드폰 CU

타닥타닥 '어린이가 좋아하는 곳'
검색 결과 — 뽀로로파크, 어린이과학관, 오션월드, 키즈랜드,
키즈뮤지엄…

C#20

지은 부감 CU

상아를 올려보던 지은, 어딘가로 시선을 돌린다.

C#21

상아 ECU

아냐, 머리를 헝클던 상아, 지은의 시선이 카센터 한편에 세워
진 택시의 광고판에 머무르자 따라서 슥 돌아보면 역시나.
상아의 얼굴이 묘하게 일그러지는 곳엔,

C#22

상아 POV 택시 광고

〈마이랜드 겨울방학 맞이 20프로 할인〉

S#030A

월미도 - 마이랜드(마이랜드)　　　　　**저녁 | 로케이션**

놀이공원에 도착한 상아와 지은

C#1

상아, 지은 2Shot 너머 마이랜드 입구

마이랜드 앞에 도착한 상아와 지은.

C#2

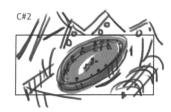

디스코 팡팡 Ins.

으아아, 디스코 팡팡 위에서 신난 아이들의 즐거운 한때. 귓전을 때리는 최신 가요들과 총천연색의 화려하고 거대한 놀이기구들이 좁은 빌라 속 지은의 세계와는 전혀 다른 세상처럼 보이는 광경.

C#3

지은 Follow

요란하고 공포스러워 보이는 놀이기구들에 얼이 빠진 지은.

C#4

크레이지 서프 Ins.

(놀이기구 크레이지 서프)

월미도 - 마이랜드(마이랜드)   **저녁 | 로케이션**

놀이공원에 도착한 상아와 지은

C#5

지은 Follow

주변을 둘러보는 지은.

C#6

바이킹 Ins.

(놀이기구 바이킹)

C#7

지은 단독 Camera Out (부감)

얼이 빠진 지은의 얼굴.

S#030B | **월미도 - 마이랜드(테마파크 1F)** | **저녁 | 로케이션**

담배를 태우려다가 바닷가 쪽으로 나가는 상아

C#1-1

지은 측면 F.O

지은 뒤로 서서

C#1-2

상아 F.I

이따위 장소 자체가 존재하지 않으면 하는 얼굴로 선 상아.
막상 왔지만 놀이공원과는 전혀 어울리지 않는 모습이다.

C#2

지은 너머 상아 Follow

기념품들이 가득한 상점 앞에 선 지은, 온갖 예쁘고 깜찍한 모
양의 머리띠들에 시선이 뺏겨 있다가, 슥 상아를 돌아보는데,

C#3

상아 BS

상아는 '그런 거 따위 쓸 수 없다'는 만사 피곤한 얼굴로 외면
한다.
버릇처럼 담배를 꺼내 물다 상점 주인의 눈총에 상점 앞으로
보이는 바닷가로 나가는데,

S#030C 월미도 - 마이랜드(방파제 앞) | 저녁 | 로케이션

바다가 보이는 곳에 도착한 상아와 지은

C#1-1

상아 MS Follow

그곳 역시, 아이들을 동반한 엄마들의 눈총과 금연 문구.
에라, 담배를 다시 집어넣는데 겨울 바닷바람은 왜 이리 매서
운 건지.

(바닷가로 걸어나오는 상아)

C#1-2

상아 BS

윙— 귓가를 울리는 칼바람에 옷깃을 여미다 말고 잠시 지은을
찾아 돌아보던 시선이 멈추는데…

C#2

지은 BS

지은, 바다를 바라보고 있다.

C#3

지은 Camera In

해 질 무렵의 겨울 바다. 매정하게도 사그라지려는 태양을 품
은 수평선.
그 앞으로 지은,

월미도 - 마이랜드(방파제 앞)　　　　　　　저녁 | 로케이션

바다가 보이는 곳에 도착한 상아와 지은

C#4

상아 CU

(함께 바다를 보는 상아)

C#5

지은 CU - Camera In

태어나서 바다를 처음 보는 듯 멍하니 서 있다.

C#6

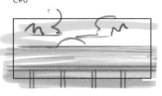

바다 Ins.

아이의 시선에 비친, 쉴 새 없이 몰아쳐오는 파도,

C#7

갈매기 Ins.

날아가는 새,

월미도 - 마이랜드(방파제 앞)　　　　　　　**저녁 | 로케이션**

바다가 보이는 곳에 도착한 상아와 지은

C#8

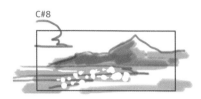

바닷가 풍경 Ins.

늘 어둠 속에 갇혀 지내던 지은의 눈앞에 펼쳐진 낯설고 경이로운 자연.

C#9

지은 CU

삶이 자신을 사랑하지 않더라도, 아직 세상을 포기하지 않았던 지은. 쿵쿵, 거대한 세상 앞에,

C#10

상아 CU

(바다를 바라보던 상아, 지은을 본다)

C#11

상아 POV 지은 부감

아이는 자신의 심장이 뛰고 있단 걸 느끼듯 상기된 얼굴에 희미하게 미소가 번진다.

월미도 - 마이랜드(방파제 앞)　　　　　　　　**저녁 | 로케이션**

바다가 보이는 곳에 도착한 상아와 지은

C#12

상아 CU

상아, 그런 지은의 모습을 자기도 모르게 물끄러미 바라보다, 눈빛에 잔잔한 온기의 물결이 일기 시작하고…

C#13

상아 POV 지은 부감

고개를 돌려 그런 그녀를 바라보는 지은과

C#14

상아 CU

눈이 마주치자 어색한 듯, 슥 바다 쪽으로 시선을 돌려 외면하는 상아의 방황하는 눈동자.
그런데 그녀의 얼굴이 어느 순간, 흠칫 상기되는데…

C#15

상아 손, 지은 손 CU

상아의 시선을 따라 내려가면, 다가와 그녀의 손을 잡은 지은.

S#030C 월미도 - 마이랜드 (방파제 앞)　　　　　　　저녁 | 로케이션

바다가 보이는 곳에 도착한 상아와 지은

C#16

상아, 지은 뒷모습 2Shot

처음 포장마차에서 상아 손을 꽉 움켜쥐었을 때와는 다른 손,

C#17

지은 단독

다른 눈빛의 얼굴.

지은　　　　　고맙…습니다.

C#18

상아 단독

쑥스러워 쭈뼛대는 상아. 뭐라고 대답은 해야 할 것 같은데 적당한 말이 없어 애써 고개를 돌리던 시선이 다시 어딘가에 꽂힌다.

S#030D

월미도 - 마이랜드 (테마파크 2F) 　　　　밤 | 로케이션

놀이공원에서 시간을 보내는 지은과 상아

C#1-1

머리띠 - Tilt Down & Camera Out

결국 깜찍한 미키마우스 야광 머리띠를 마지못해 쓰고야 만 상아의 표정.

C#1-2

지은 F.I - 지은 CU 너머 상아

요란한 놀이기구 대신 동전 넣고 타는 목마에 지은을 태운 채

C#1-3

상아 지은 2Shot

뒷모습을 물끄러미 보며 섰는데,

C#2-1 `TOP`

상아 POV - 모녀 F.I

다정하게 지나가는 모녀에 시선이 가던 상아.

월미도 - 마이랜드(테마파크 2F) 　　　　　　**밤 | 로케이션**

놀이공원에서 시간을 보내는 지은과 상아

C#2-2 [END]

지은, 상아 OS 모녀 F.O

(지은 앞으로 지나가는 모녀)

C#3

상아 CU

상아 　　　근데, 니네 엄마… 어디 있는지 아냐?

(지은의 목마가 멈춘다)

C#4

지은 뒷모습

지은 　　　(잠시 머뭇거리다) … 천국.

C#5

상아 CU

상아 　　　(냉소) 천국…

월미도 - 마이랜드 (테마파크 2F)   밤 | 로케이션

놀이공원에서 시간을 보내는 지은과 상아

C#6

지은 뒷모습

지은   아빠랑 나만 없어지면, 천국이라 그랬으니까.

C#7

상아 측면 CU

상아   …

C#8

지은 BS

지은   미쓰백, 엄마는?

C#9

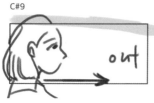

상아 측면 CU - F.O

대답이 없던 상아, 지은의 풀어진 신발끈을 물끄러미 보더니
머리띠를 벗고 다가가

월미도 - 마이랜드(테마파크 2F)   밤 | 로케이션

놀이공원에서 시간을 보내는 지은과 상아

C#10-1

지은 BS - Pan

(앞으로 걸어오는 상아를 보는 지은)

C#10-2

지은, 상아 2Shot

자세를 낮춰 앉아 묶어주며…

상아   지옥에 있어. 우리 엄만.

C#11

지은 신발 CU

(신발끈을 묶어주는 상아)

C#12

지은 CU

지은   지옥…

상아가 뱉은 '지옥'이란 단어를 한참을 되새기던 지은.
자기 앞에 자세를 낮춰 앉은 상아의 머리를 가만히 쓰다듬는
데… 자신도 숨 막히는 어둠에서 헤어나지 못하는 아이가 보
내는 위로의 손길.

S#030D

월미도 - 마이랜드(테마파크 2F)　　　　　　　밤 | 로케이션

놀이공원에서 시간을 보내는 지은과 상아

C#13-1

상아 BS

고개를 들어 그런 지은을 올려보던

C#13-2

상아의 시선이 문득 파르르…

C#14

상아 POV 지은

(상아를 보는 지은)

C#15

상아 ECU

순간 마치 정명숙과 마주보는 듯한 느낌에 아득해지는 상아의
눈빛. 목덜미의 선명하던 흉터가 움찔.

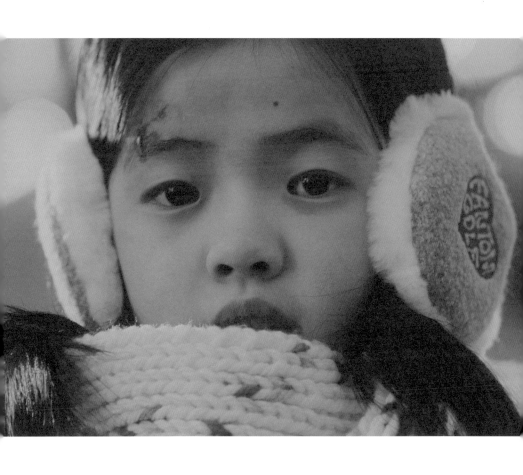

S#030D

월미도 - 마이랜드(테마파크 2F)　　　　　　　밤 | 로케이션

놀이공원에서 시간을 보내는 지은과 상아

S#030E C#1

S#030E. 놀이공원 - 안 (과거)

마치 환상처럼 관람차 조명에 비친 지은에게서 스쳐가는 정명숙의 모습.

S#030E C#2

S#030E. 놀이공원 - 안 (과거)

명숙을 올려다보는 어린 상아.

C#16

<u>지은 정측면 CU</u>

(상아를 내려다보는 지은)

C#17

<u>지은 너머 상아 FS</u>

슥 일어나 아이를 내려다보는 상아의 눈빛이 본래의 그녀로 돌아왔다.

상아　　　　일어나, 집에 가자.

월미도 - 마이랜드(테마파크 2F)　　　　　　　**밤 | 로케이션**

놀이공원에서 시간을 보내는 지은과 상아

C#18-1

<u>상아 OS 지은 - 상아 F.O</u>

집이란 단어와 상아의 차가운 얼굴에 굳어버린 지은의 눈빛.

상아　　　　왜? 내가 너 재워주기라도 할 줄 알았냐?

C#18-2

<u>지은 단독</u>

그러곤 매정하게 돌아서 가는 상아의 뒷모습을 보는 지은의 눈빛. 금방이라도 달려가 치맛자락이라도 잡을 것처럼, 매달릴 것처럼 일렁인다.

C#19

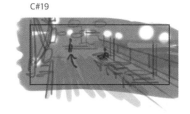

<u>Wide Shot</u>

지은을 뒤로하고 걷는 상아.

지은 집 - 화장실 / 외벽　A 세트: 기존 세트　　　　**밤 | 세트**

가스 배관을 타고 세탁실에서 탈출을 시도하는 지은

C#1

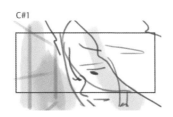

지은 측면 눈 CU

위태롭게 동요하고 있는 지은의 눈빛.

C#2

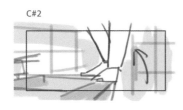

세면대 위 지은 발 CU

어느 순간, 용기를 내어 세면대 위로 발을 딛는다.

C#3

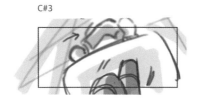

세면대 배관 CU

(삐걱거리며 흔들리는 세면대)

C#4

지은 측면 CU

동시에 만신창이가 된 손이 창틀을 턱 잡는데…

S#051

지은 집 - 화장실 / 외벽 A 세트: 기존 세트   **밤 | 세트**

가스 배관을 타고 세탁실에서 탈출을 시도하는 지은

C#5

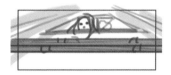

배관 너머 지은

창밖으로 고개를 내민 지은.

C#6

지은 너머 골목 바닥

아이의 시선으론 까마득해 보이는 2층 높이.
하… 어두컴컴한 밤공기로 퍼지는 지은의 절망적인 입김.

C#7-1

지은 다리 CU - Tilt Up

어른의 몸으로는 빠져나올 수 없는 자그마한 창문을 빠져나오
려 한다.
양손으로 위쪽 창틀을 잡은 채 아래로 다리 한쪽을 먼저 꺼내고

C#7-2

지은 CU

(몸을 먼저 밖으로 빼내는 지은)

지은 집 - 화장실 / 외벽 A 세트: 기존 세트   **밤 | 세트**

가스 배관을 타고 세탁실에서 탈출을 시도하는 지은

C#8-1

지은 부감 - 지은 Follow

(몸을 돌리며 창문을 나오는 지은)

C#8-2

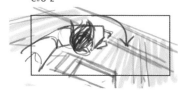

지은 부감

나머지 한쪽 다리를 빼서 나오려는데…

C#9

지은 발, 배관 CU

(배관으로 발을 뻗는 지은)

C#10

[카메라 화장실 내부] 창틀 너머 지은 얼굴 CU

배관이 견뎌내는 소리에 꼴깍, 마른침을 삼키는 지은의 하얗
게 질린 얼굴.

S#051

지은 집 - 화장실 / 외벽 A 세트: 기존 세트   **밤 | 세트**

가스 배관을 타고 세탁실에서 탈출을 시도하는 지은

C#11

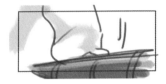

지은 발, 배관 CU

지은의 발끝이 더듬더듬 가스 배관에 발을 내딛고 무게를 싣
자 끼익─

C#12

지은 얼굴 CU 앙각

건물 사이라 조명이 밝지 않아 어두컴컴한 공간, 지은이 발을
내딛다 말고 아래로 내려다보면 마치 까마득한 어둠 속으로
떨어질 듯한 느낌까지.
하아하아… 공포에 질려 점점 거칠어지는 아이의 숨소리.

상아[OS]   잠깐.

S#052A

도로 (큰 도로→) - 위(장섭 차 안) 　　　　　 **밤 | 로케이션**

무언가 생각난 듯 장섭의 차를 급하게 세우는 상아

[이전 씬 선행 대사]

상아[OS]　　잠깐.

C#1

창문 너머 상아 CU

빠르게 스쳐가는 불빛들 속, 파도가 일렁이고 있던 상아의 눈빛.

상아　　　　차 세워봐.

C#2

상아 OS 장섭 CU

장섭　　　　니, 뭔 일 있제?

장섭의 시선이 가는 곳엔

C#3

상아 손, 담배 CU

언젠가처럼 담배를 쥔 상아의 손이 파르르 떨리고 있다.

145

S#052A   도로 (큰 도로→) - 위(장섭 차 안)   밤 | 로케이션

무언가 생각난 듯 장섭의 차를 급하게 세우는 상아

C#4

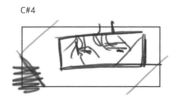

룸미러 너머 장섭 눈 CU

장섭   그 애 때문이가…?

C#5

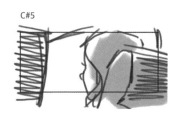

상아 후측면 CU

(말 없는 상아)

S#052B C#1

장섭 차 뒷모습 FS

S#052B. 도로 (큰 도로→) - 위

장섭의 차가 1차로로 진입하려 하자

C#6

상아 CU

점점 마음이 다급해지는 상아.

상아   차 세우라고!

지은 집 - 외벽   **밤 | 세트**

헤드라이트가 비추자 웅크리는 지은, 케이블이 헐거워져 휘청이는 지은

C#1

지은 FS

(창틀을 잡고 배관에 발을 딛고 버티고 있는 지은)

C#2

지은 측면 CU

(힘들어 보이는 지은의 얼굴)

C#3

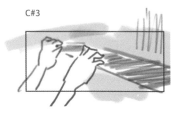

지은 손 CU

(힘겹게 버티고 있는 지은의 손)

C#4

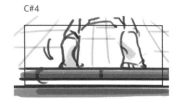

배관 너머 지은 발 CU (앙각)

지은의 발이 내딛은 배관은 무게를 지탱하기 역부족인지 움직일 때마다 삐걱 소리를 내고, 한 걸음, 두 걸음,

지은 집 - 외벽 **밤 | 세트**

헤드라이트가 비추자 웅크리는 지은, 케이블이 헐거워져 휘청이는 지은

C#5-1 TOP

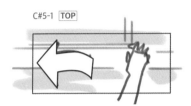

지은 손 CU - Follow

창틀을 잡고 옆으로 이동하며 점점 악몽의 집과 그 화장실을
벗어나는 위태로운 지은의 모습.

C#5-2

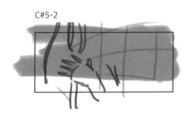

지은 손, 케이블 CU

더 이상 다다를 곳이 없자 손을 뻗어, 옆으로 늘어져 있던 케이
블 뭉치를 잡고 계속 옆으로 이동해 도로 쪽으로 나오던 그때,

C#5-3

헤드라이트 In - Pan

맞은편 골목으로 들이닥치는 헤드라이트 불빛,

C#5-4 END

지은 얼굴 CU

헉, 돌아보는 얼굴.

헤드라이트가 비추자 웅크리는 지은, 케이블이 헐거워져 휘청이는 지은

S#052B C#1

지은 POV 차

S#052B. 지은 집 - 앞 (로케이션 분량)

정면으로 서행해 들어오는 차.

C#6

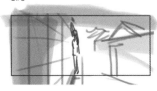

지은 측면 FS

차를 보던 지은. 들키지 않으려 케이블을 잡은 채 벽에 몸을 바짝 붙여 웅크린다. 그 차의 불빛이 사라질 때까지 케이블을 꼭 붙든 손은 추위에 시뻘겋게 얼었다.

C#7-1

지은 뒷모습 CU

다행히 그 차는 지은을 보지 못한 듯 지나쳐가는데,

C#7-2

지은 앞모습 CU

(고개를 든 지은, 다시 움직이려 배관 쪽을 본다.)

S#053A

지은 집 - 외벽 　　　　　　　　　　　　　　밤 | 세트

헤드라이트가 비추자 웅크리는 지은, 케이블이 헐거워져 휘청이는 지은

C#8

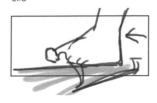

지은 발 CU

(다시 움직이는 지은의 발)

C#9

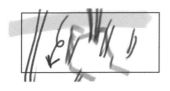

지은 손 CU - 손 F.O

그사이 지은이 쥐고 있던 고정된 케이블 뭉치가 헐거워져 버티지 못하고 후두둑 떨어지고,

S#053C C#1-1　TOP

지은 POV

S#053C. 지은 집 - 외벽 (로케이션 분량)

순간 추락할 듯 크게 휘청이는 지은의 몸.

S#053C C#1-2　END

지은 POV - 골목 바닥

(크게 휘청이는 지은의 시선)

지은 집 - 외벽   밤 | 세트

헤드라이트가 비추자 웅크리는 지은, 케이블이 헐거워져 휘청이는 지은

C#10

지은 뒷모습 BS

(크게 휘청이는 지은)

S#054A	**도로 (큰 도로→) - 장섭 차 안**	**밤 | 로케이션**

장섭의 차에서 내려서 왔던 길을 달려가는 상아, 차를 돌리는 장섭

C#1-1

장섭, 상아 2Shot - 상아 Follow Pan

끽 – 도로 한복판에서 서는 차에서

C#1-2

유리창 너머 상아 MS

내린 상아.
왔던 방향으로 내달리는데…

S#054B C#1-1

상아 뒷모습 MS - Pan

S#054B. 도로 (큰 도로→) - 위

장섭　　　야, 백상아!

S#054B C#1-2

장섭 BS

장섭, 차에서 내려보지만 뒤도 돌아보지 않고 달려가는 그녀
의 뒷모습.
난감한 장섭,

152

도로 (큰 도로→) - 장섭 차 안 밤 | 로케이션

장섭의 차에서 내려서 왔던 길을 달려가는 상아, 차를 돌리는 장섭

C#2

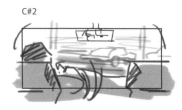

장섭 뒷모습

다시 차를 돌리려는 듯 올라타 끼익 – 출발하고…

(유턴하는 장섭의 차)

S#055A | 도로 (큰 도로→) - 위 | | 밤 | 로케이션

이를 악물고 도로를 가로질러 내달리는 상아

C#1

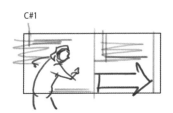

상아 측면 MS Follow

도로를 가로질러 지은의 집 쪽으로 달려가는

C#2

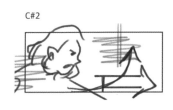

상아 측면 CU Follow

상아의 이를 악문 얼굴.

S#055B C#1

상아 POV 버려진 지은 옷

S#055B. 지은 집 - 앞

FB S#041

쓰레기봉투에 애처롭게 버려져 있던, 상아가 지은에게 사줬던
옷가지들,

S#055B C#2

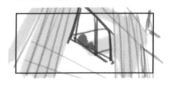

상아 POV 창문 너머 지은

S#055B. 지은 집 - 앞

FB S#049

그리고 상아가 지은의 집을 올려봤을 때 무심결에 놓쳤던, 화
장실 창에 희미하게 비치던 지은.

도로 (큰 도로→) - 위 　　　　　　　　　　　　　　　**밤 | 로케이션**

이를 악물고 도로를 가로질러 내달리는 상아

C#3

상아 정면 CU

본능적으로 뭔가 느껴지듯 눈가에 눈물이 맺혀오는데…

| 지은 집 - 외벽 | 밤 \| 세트 |

바닷가를 떠올리며 용기를 내 헌옷수거함에 발을 딛다가 미끄러지는 지은

C#1

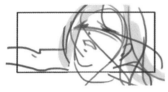

지은 CU

역시 눈가에 눈물이 맺힌 지은의 하얗게 질린 얼굴.

C#2

지은 뒷모습

이내 더 뜯어질지도 모르는 케이블을 잡은 채 아슬아슬하게
버티고 있다.

C#3

지은 손, 케이블 CU

(케이블을 잡고 있는 지은의 손)

C#4

지은 뒷모습 FS

이대로 다시 돌아갈 수도, 뛰어내릴 수도 없는 상황.
절망적이다.

지은 집 - 외벽   **밤 | 세트**

바닷가를 떠올리며 용기를 내 헌옷수거함에 발을 딛다가 미끄러지는 지은

C#5-1 TOP

지은 CU - Camera In

공포와 절망에 휩싸인 그때, 휘이잉~ 싸늘하게 불어오는 바람이 머리칼을 스치고,

C#5-2 END

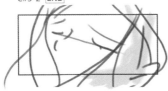

지은 눈 ECU

귓가를 스치는 바람 소리에 떠오르는 기억.

S#056B C#1

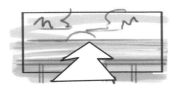

지은 POV 바닷가 - Camera In

S#056B. 마이랜드 - 방파제 앞

FB S#030C C#6

(지은의 시선으로 보이는 바닷가)

놀이공원과 해변의 바람 소리와 파도 소리.

S#056B C#2

새 Ins.

S#056B. 마이랜드 - 방파제 앞

FB S#030C C#7

날아가는 새,

S#056B C#3

상아 CU (앙각)

S#056B. 마이랜드 - 방파제 앞

FB S#030C C#12

그리고… 상아.

C#6-1 `TOP`

지은 눈 ECU

하아하아… 눈을 질끈 감고 있던 지은이 다시 슥, 눈을 뜬다.
삶에 대한 애착으로 이를 악무는 눈빛. 용기를 내야 한다.

C#6-2

지은 눈 ECU - Pan

(골목 바닥으로 시선을 옮기는 지은)

C#6-3 `END`

헌옷수거함 부감

까마득한 아래 발이 닿을 만한 헌옷수거함을 내려다보는 시선.

바닷가를 떠올리며 용기를 내 헌옷수거함에 발을 딛다가 미끄러지는 지은

C#7-1

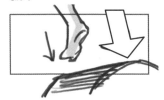

지은 발 Follow

(헌옷수거함 위로 발을 뻗는 지은)

C#7-2

발 CU - Tilt Up

눈을 질끈 감은 채 잠시 숨을 고르고 한쪽 발을 딛는 지은.

C#7-3

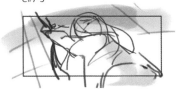

지은 MS (앙각)

(발 아래를 내려다보는 지은)

C#8

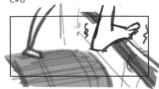

지은 오른발 CU

(오른쪽 다리를 마저 내리려는 지은, 중심이 잘 잡히지 않아 발이 흔들린다)

지은 집 - 외벽   **밤 | 세트**

바닷가를 떠올리며 용기를 내 헌옷수거함에 발을 딛다가 미끄러지는 지은

C#9

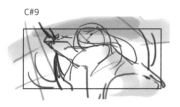

지은 MS (앙각)

(어쩔 줄 몰라하는 지은)

C#10

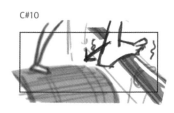

지은 오른발 CU

(지은, 오른쪽 발을 마저 뗀다)

C#11-1

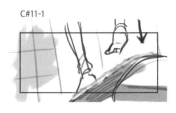

헌옷수거함 너머 지은 발

그 순간, 추위에 얼어버린 발이 미끄러져

C#11-2

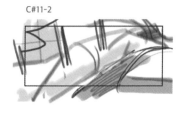

지은 몸 F.I

그대로 퍽, 추락해버리는데…

지은 집 - 외벽   **밤 | 세트**

바닷가를 떠올리며 용기를 내 헌옷수거함에 발을 딛다가 미끄러지는 지은

C#12

지은 직부감

(헌옷수거함 위로 떨어지는 지은)

S#057

거리 (큰 도로→슈퍼) - 위   **밤 | 로케이션**

자동차와 부딪힐 뻔했지만 그대로 다시 지은에게 달려가는 상아

C#1-1 [TOP]

상아 뒷모습 Follow

(달려가는 상아)

C#1-2

자동차 F.I - Quick Pan

(골목을 꺾어 들어가는데)

끼이익— 귓전을 때리는 날카로운 브레이크 소리.
골목으로 내달려 들어온 상아를 보지 못하고 뒤늦게 브레이크
를 잡은 승합차가 그녀를 거의 들이받을 듯한 간격에서 멈춰
섰는데…

C#1-3

앞 유리 너머 운전자 - Quick Pan

운전자가 놀라 차에서 내리려는 앞으로,

C#1-4

상아 Follow

순간 헤드라이트에 비친 상아의 광기에 서린 간절하고도 필사
적인 얼굴.

운전자   괘… 괜찮아요?

하지만 거친 숨을 몰아쉬며 그대로 다시 미친 듯이 내달리는
상아.

S#057 | **거리 (큰 도로→슈퍼) - 위** | **밤 | 로케이션**

자동차와 부딪힐 뻔했지만 그대로 다시 지은에게 달려가는 상아

C#1-5

상아 Follow Pan

(달려가는 상아)

C#1-6

상아 뒷모습

(달려가는 상아)

C#1-7 END

상아 뒷모습 FS

C#2

상아 정면 Follow

헉헉… 그녀의 숨소리가 마치 울부짖는 것처럼 밤공기를 울리고…

S#058

지은 집 - 앞 　　　　　　　　　　　　　　　　밤 | 로케이션

정신을 차리고 비틀거리며 빌라 틈을 빠져나오는 지은

C#1

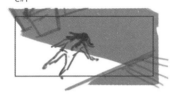

지은 FS (직부감)

어둠 속, 마치 기절한 것처럼 바닥에 떨어진 채 엎어져 있던 지은.

C#2-1

지은 오른손 너머 얼굴

마치 상아의 숨소리를 들은 듯

C#2-2

지은 얼굴로 포커스 이동

(눈을 뜨는 지은)

C#3-1

지은 POV 지은 손 - Tilt Up

고개를 드는 시선이 흐릿하다.

(지은의 시선으로 보이는 지은의 손 위로 가로등 빛이 걸쳐져 있다)

지은 집 - 앞   **밤 | 로케이션**

정신을 차리고 비틀거리며 빌라 틈을 빠져나오는 지은

C#3-2

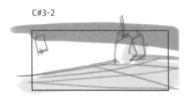

지은 POV 골목 벽에 닿은 빛

(시선을 옮기면 빛이 닿아 있는 골목 벽이 보이는)

C#4-1

지은 얼굴 CU - 얼굴 F.O

온 힘을 다해 일어나지만,

C#4-2

지은 손

추락의 충격 때문인지

C#4-3

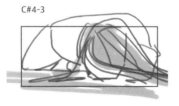

지은 머리 F.I

복부를 잡은 채 고통을 삭히다

S#058

지은 집 - 앞 　　　　　　　　　　　　**밤 | 로케이션**

정신을 차리고 비틀거리며 빌라 틈을 빠져나오는 지은

C#5

지은 직부감 - 지은 F.O

비틀,

(휘청이며 몸을 일으키는 지은)

C#6

지은 뒷모습 FS

(힘겹게 일어난 지은)

C#7

지은 발 Follow

얼음장 같은 맨바닥을 시퍼런 맨발로 한 발, 두 발,

C#8

지은 발 측면 Follow

내딛기 시작하는데…

S#059

슈퍼 - 앞 골목 　　　　　　　　　　　　　　　**밤 | 로케이션**

드디어 마주한 상아와 지은, 눈물을 흘리며 지은을 끌어안는 상아

C#1-1

상아 BS Follow

지은의 빌라가 보이는 골목으로 냅다 달려 들어오는 상아의
발걸음.

C#1-2

거친 숨을 몰아쉬며 내달리던 어느 순간, 멈춰서는 눈빛.

C#2

상아 POV 계단 너머 지은

시커먼 소굴 같은 빌라를 빠져나온 지은의 모습을 목도하는
순간.
마치 잃어버린 어미를 찾아 헤매는 어린 짐승처럼 절박한 얼
굴로 비틀거리며 자신을 향해 힘겨운 걸음을 옮기는 광경에

C#3

상아 CU

온 시공간이 멈춘 것처럼 숨이 턱 멎는 얼굴로 지은을 보는 상
아의 얼굴.

슈퍼 - 앞 골목　　　　　　　　　　　　　　　**밤 | 로케이션**

드디어 마주한 상아와 지은, 눈물을 흘리며 지은을 끌어안는 상아

C#4

지은 BS

지은, 생채기가 난 얼굴로 고개를 들어 상아와 눈이 마주치는
순간,

C#5

상아 CU

흡, 그 자리에서 북받쳐 터져버린 상아의 눈물.

C#6

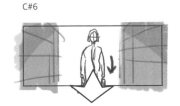

상아 MS Follow

미친 여자처럼 온통 헝클어진 모습으로 우두커니 선 채 터진
울음을 참아내느라 차마 아이에게 달려가지도 못하는 상아 앞
으로,

(상아, 지은 쪽으로 걷기 시작한다)

C#7

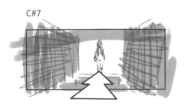

상아 POV 지은 FS

하아하아… 지은은 마치 걸음마를 뗀 갓난아기가 엄마 품에
안기기 위해 사력을 다해 걷듯 상아에게 도달하려 비틀비틀
걸음을 옮기는데.

S#059

슈퍼 - 앞 골목　　　　　　　　　　　　　　　　　**밤 | 로케이션**

드디어 마주한 상아와 지은, 눈물을 흘리며 지은을 끌어안는 상아

C#8

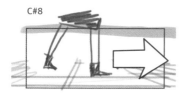

상아 다리 측면 Follow

(지은 쪽으로 빠르게 걷는 상아)

C#9

지은 너머 상아 FS

(지은을 향해 오는 상아)

C#10

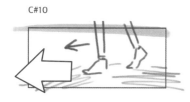

지은 다리 측면 Follow

(힘겹게 느릿느릿 걷는 지은)

C#11

지은 CU

(상아에게 향하는 지은)

슈퍼 - 앞 골목

밤 | 로케이션

드디어 마주한 상아와 지은, 눈물을 흘리며 지은을 끌어안는 상아

C#12

상아 BS

(빠르게 걷는 상아)

C#13

지은 발 CU

(계단을 내려오는 지은의 발)

C#14-1 TOP

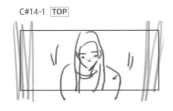

지은 BS

지은이 계단에서 발을 헛디뎌

C#14-2

Camera In

풀썩 쓰러지던 그 순간에

슈퍼 - 앞 골목   **밤 | 로케이션**

드디어 마주한 상아와 지은, 눈물을 흘리며 지은을 끌어안는 상아

C#14-3

상아 F.I - 상아를 축으로 Moving

달려든 상아.
탁, 마치 낚아채듯 지은을 품에 끌어안는

C#14-4 `END`

상아 CU

어미 맹수와도 같은 눈빛…

편의점 - 앞　　　　　　　　　　　　　　　　　　**밤 | 로케이션**

비행기 놓친 것에 대해 통화한 후 지은을 보는 상아

C#1-1

상아 측면 KS - 상아 Follow

지은에게 옷을 벗어줘 얇은 옷차림의 상아, ATM기에서 돈을
뽑으며 통화 중이다.

C#1-2

상아 측면 MS

편의점 앞에 잔뜩 웅크려 쭈그려 앉은 상아.

상아　　　　비행기를 놓쳐서 오늘은 못 들어갈 거 같고…
　　　　　　표 다시 끊으면 연락드릴게요. (잠시) 네.

C#2

상아, 창문 너머 지은 2Shot

상아, 전화를 끊으면

C#3

상아 핸드폰 CU

장섭의 부재중 전화가 이미 여러 통 찍혀 있고,

편의점 - 앞   밤 | 로케이션

비행기 놓친 것에 대해 통화한 후 지은을 보는 상아

C#4-1 TOP

상아 MS

한숨에 머리를 헝클며

C#4-2

상아 시선 따라 Moving

편의점 내부에 앉은 지은을 물끄러미 올려본다.

상아   이제 어떡하냐, 우리…

C#4-3 END

유리창 너머 지은

(편의점 안에서 어묵 국물을 먹고 있는 지은)

C#5

지은 POV 상아 뒷모습

(쪼그려 앉아 있는 상아)

편의점 - 앞 거리　　　　　　　　　　　　　　　　**밤 | 로케이션**

거리를 방황하는 상아와 지은

C#1

상아, 지은 2Shot Follow

(거리를 방황하는 상아와 지은)

C#2

상아 BS

(거리를 방황하는 상아와 지은)

C#3

지은 BS

(거리를 방황하는 상아와 지은)

S#067	지하철 - 플랫폼	밤 l 로케이션

기괴한 차림새로 지하철을 기다리는 상아와 지은

C#1

지은 측면 CU

(지하철을 기다리는 지은)

C#2

상아 측면 CU

(지하철을 기다리는 상아)

C#3

상아, 지은 측면 2Shot

지하철을 기다리는 사람들 사이로 보이는 상아와 지은.
누가 봐도 어른 옷인 상아의 호피 코트를 입은 기괴한 차림새
의 지은을 이상하게 보며 지나가는 아줌마가 신경이 쓰이는지

C#4

지은 측면 CU

모습이 가려지도록 지은의 목도리를 고쳐 매주는 무심하고 서
투른 상아의 손길.

지하철 - 플랫폼　　　　　　　　　　　　　　　**밤 | 로케이션**

기괴한 차림새로 지하철을 기다리는 상아와 지은

C#5

상아 정면 CU

(목도리를 다 고쳐주고 열차를 기다리는 상아)

C#6-1

상아, 지은 정면 2Shot

사람들 사이에 섞이지 않아 이방인들처럼 보이는 둘의 모습
앞으로

C#6-2

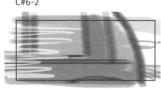

열차 F.I

부앙- 요란한 굉음과 함께 들어서는 지하철.

지하철 - 열차 안　　　　　　　　　　　　　　　**밤 | 오픈 세트**

어딘지 모르는 곳으로 향하는 상아와 지은

C#1

상아, 지은 2Shot

늦은 시간이라 붐비지 않는 내부,

C#2

상아 정면 CU

덜컹덜컹 흔들리는 지하철처럼 심란한 생각과 마음을 정리하듯 무거운 얼굴의 상아 옆으로,

C#3-1

지은 CU

(숙이고 있던 고개를 드는 지은)

C#3-2

낯선 지하철 내부를 여기저기 훔쳐보는 지은의 모습.

지하철 - 열차 안　　　　　　　　　　　　　　　밤 | 오픈 세트

어딘지 모르는 곳으로 향하는 상아와 지은

C#4

<u>지은 POV - 유리창에 비친 지은, 상아</u>

(지은의 시선으로 보이는 상아와 지은)

어쩐지 애틋해 보이는, 나란히 앉은 둘의 뒤로 스쳐가는 도시의 야경.

가라오케 - 복도 / 룸　　　　　　　　　　　　**밤 | 오픈 세트**

영업을 하던 중 일곤의 전화를 받고 폭발하는 미경

C#1-1 TOP

미경 BS - 미경 Follow

촌스러운 조명들과 웅웅 울리는 음악이 공간을 가득 채운 가라오케 복도. 일곤과 통화 중인 미경, 어떤 이야기를 듣는 얼굴이 싸하게 질려버린다.

미경　　　　김일곤. 너 내 말귀 못 알아먹었어? 한 번 더 걸리면 너나 나나 좆된다고 애 잘 보랬잖아!

'아악!' 신경질적으로 전화를 끊어버린 미경.

C#1-2

미경 너머 일행 남, 녀

한동안 화를 삭이다가 룸 문을 열고 들어서자,

(소파에 엉켜 있는 일행 남녀를 지나치고)

C#1-3

미경 OS 사장님

술 취한 중년남자가 마이크를 들고 열창 중인데,
미경, 직업적 미소를 장착한 채 테이블 위의 계약서를 들고 다가간다.

미경　　　　저, 사장님.

C#1-4

미경, 사장님 2Shot

남자가 그런 미경을 부둥켜안고 질척대자, 기계적 미소로 참아내는 미경.

미경　　　　사장니임, 사인해주실 거죠?

가라오케 - 복도 / 룸   **밤 | 오픈 세트**

영업을 하던 중 일곤의 전화를 받고 폭발하는 미경

C#1-5

하지만 만취한 남자가 계약서를 던져버리고 다시 질척대기만
하자 인내심이 한계에 도달한 미경.

C#1-6

달달 떨리던 손으로 마이크를 잡더니

C#1-7 [END]

미경 너머 중년남자

그대로 남자의 얼굴을 퍽, 갈겨버리는 동시에 삐이익-
날카로운 마이크의 소음과 함께 분노 가득한 미경의 포효.

| 모텔 - 안 | 밤 | 오픈 세트 |

화장실에 들어가는 걸 무서워하는 지은에게 자신의 흉터를 보여주는 상아

C#1

지은 FS

모텔 내부.
지은, 불이 켜진 채 문이 열린 화장실 앞에 들어가지 못하고 우두커니 섰다.

C#2

화장실 문 너머 지은 MS

(화장실 앞에 서 있는 지은)

C#3

지은 POV 상아 측면 MS

상아, 화장실 안에서 따뜻한 물을 받으며 그런 지은을 가만히 보는데…

C#4-1

상아 POV 지은 손 - Tilt Up

하지만 지은, 화장실 안의 환풍기 돌아가는 소리에도 트라우마가 있는 듯 손끝이 파르르 떨리고 있다.

모텔 - 안 밤 | 오픈 세트

화장실에 들어가는 걸 무서워하는 지은에게 자신의 흉터를 보여주는 상아

C#4-2

지은 CU

(상아를 바라보는 지은)

C#5-1

상아 CU - Tilt Up

(상아, 위를 올려다보면)

C#5-2

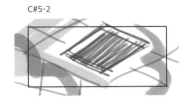

환풍기 CU

(윙윙 돌아가고 있는 환풍기)

C#6-1

지은 너머 상아

상아, 말없이 일어나

화장실에 들어가는 걸 무서워하는 지은에게 자신의 흉터를 보여주는 상아

C#6-2

환풍기를 꺼주는데…

C#7

지은 CU

(그런 상아를 보는 지은)

C#8-1

지은 POV 상아

그래도 아이가 들어오지 않자 지은을 물끄러미 보던 상아.

C#8-2

상아 뒷모습

말없이 자기 옷을 하나 둘씩 벗기 시작하자,

모텔 - 안   **밤 | 오픈 세트**

화장실에 들어가는 걸 무서워하는 지은에게 자신의 흉터를 보여주는 상아

C#9

지은 BS

그 모습에 멈칫하는 지은.

C#10

지은 POV 상아 뒷모습 BS

옷을 벗은 상아,
목덜미의 흉터 말고도 어깨에도 흉터가 있다.

C#11

지은 BS

상아의 그 모습을 물끄러미 보던 지은,

C#12

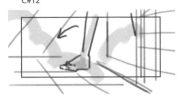

지은 발 CU

그제야 한 발짝, 두 발짝

화장실에 들어가는 걸 무서워하는 지은에게 자신의 흉터를 보여주는 상아

C#13-1

지은 POV 상아 뒷모습 MS - Camera In

화장실로 들어서 상아에게 다가오는데,

(지은 쪽으로 시선을 두지 않은 채)

C#13-2

상아 뒷모습 CU

(욕조 물을 잠그는 상아)

C#14

상아 측면 CU

점점 다가오는 지은의 그림자에 상아, 눈가가 파르르.

C#15

지은 측면 CU

(상아를 바라보는 지은)

모텔 - 안　　　　　　　　　　　　　　　　　**밤 | 오픈 세트**

화장실에 들어가는 걸 무서워하는 지은에게 자신의 흉터를 보여주는 상아

C#16

상아, 지은 2Shot (포커스 상아)

하지만, 애써 덤덤하게…

상아　　　봐.

C#17

지은 POV 상아 흉터

상아　　　너나 나나 쌤쌤이지.

C#18

지은 CU

상아, 대답 대신 쌔근쌔근 들려오는 아이의 숨소리에

C#19-1

상아 측면 CU

괜히 콧잔등이 시큰해지는 얼굴.

상아　　　그래서 만났나 보다. (잠시) 우리.

| **S#072B** | 모텔 - 안 | 밤 \| 오픈 세트 |

화장실에 들어가는 걸 무서워하는 지은에게 자신의 흉터를 보여주는 상아

C#19-2

어느 순간,

C#20

상아 흉터와 지은 손 CU

상아의 그 흉터를 가만히 감싸 덮어주는 지은.

C#21

상아 CU

그 감촉에 파르르 떨리던 입술을 깨물고 얼마를 망설인 끝에
용기를 낸 상아, 입을 연다.

상아   나는 배운 것도 없고 무식해서, 너한테 가르쳐
             줄 것도 없고.

C#22

지은, 상아 뒷모습 2Shot

상아   가진 것도 없어서 줄 수 있는 것도 없어.

모텔 - 안   밤 | 오픈 세트

화장실에 들어가는 걸 무서워하는 지은에게 자신의 흉터를 보여주는 상아

C#23

지은 측면 CU

(상아를 보는 지은)

C#24-1 TOP

지은 OS 상아 뒷모습 CU

상아   대신, 내가 너

C#24-2 END

지은 OS 상아 앞모습 CU

상아   지켜줄게.

C#25

상아 OS 지은

그런 상아를 가만히 보는 지은의 눈빛이 촉촉해지고…

C#26

지은 OS 상아

상아　　　얼마나 힘들지, 얼마나 오래 걸릴지 모르겠지만,

C#27

상아 OS 지은

상아　　　끝까지 니 옆에 있어줄게.

그 말에 금방이라도 울음이 터질 것 같은 지은의 눈망울.

C#28-1 　TOP

지은 OS 상아

자신 역시 그런 상아를 지켜주겠다는 듯

C#28-2

가녀린 팔로 그녀를 끌어안는다.

화장실에 들어가는 걸 무서워하는 지은에게 자신의 흉터를 보여주는 상아

C#28-3 **END**

(상아를 안은 지은)

C#29

상아 OS 지은 ECU

지은   나도… 지켜줄게요.

C#30

상아, 지은 2Shot FS

지은의 그 손길에 마치 오랜 상처를 위로받은 듯 눈물이 맺히
는 상아의 얼굴.

명숙 집 - 안　　　　　　　　　　　　　　**낮 | 오픈 세트**

(과거) 술기운에 상아를 폭행했다는 사실을 술에서 깨 알아차리는 명숙

C#1-1

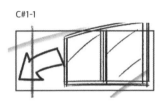

명숙 집 창문 - Moving

커튼 틈으로 창을 통해 부서지는 아침 햇살을 따라 카메라가
이동하면,

C#1-2

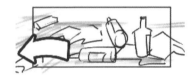

술병과 쓰레기, 옷들 - Pan

방바닥에 널려 있는 술병들과 각종 쓰레기들, 널브러진 옷가
지들.

C#1-3

명숙

그 난장판 사이에서 잠들어 있던 정명숙.
뒤척이며 몸을 돌린다.

C#2-1

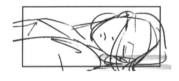

명숙 BS

명숙, 눈을 뜨는데,

명숙 집 - 안 낮 | 오픈 세트

(과거) 술기운에 상아를 폭행했다는 사실을 술에서 깨 알아차리는 명숙

C#2-2

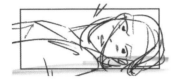

명숙 BS

뭔가를 보고 순간,
마치 목에 칼이 박힌 듯 아득해지는 눈빛.

C#3

명숙 POV 상아 KS

피가 흥건한 위로 어린 상아가 마치 바닥에 내동댕이쳐진 듯
방구석의 가구 틈으로 목이 끼인 채 쓰러져 있다.
(정명숙의 시신이 발견됐을 당시 쓰러져 있던 모습과 같은)

C#4-1

상아 FS - 명숙 F.I - 명숙 Follow

(상아에게 달려가는 명숙)

C#4-2

명숙 F.O

술이 덜 깨 다리에 힘이 풀려 주저앉으면서도,

S#077A	명숙 집 - 안	낮 | 오픈 세트

(과거) 술기운에 상아를 폭행했다는 사실을 술에서 깨 알아차리는 명숙

C#5

명숙 BS

비명을 지르며 달려드는 명숙.

장섭[OS]　평생 가슴에서 지우지 못하는 장면이었다고 입
　　　　　버릇처럼 말씀하셨다는데… 가실 때도 가슴에
　　　　　담고 가셨던 것 같다.

병원C - 응급실 앞   **낮 | 로케이션**

(과거) 응급실로 들어가는 상아를 따라 들어가지 못하고 물러서는 명숙

C#1

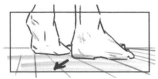

명숙 뒤꿈치 CU

(명숙의 다 까져 있는 뒤꿈치)

C#2

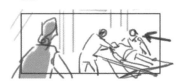

명숙 너머 상아 FS

멀찍이 구급요원들에 의해 들것에 실린 채 응급실로 들어가는 상아의 모습.

C#3

명숙 단독

명숙, 상아를 안고 맨발로 달려온 듯 옷은 피로 얼룩지고, 뒤꿈치가 온통 까져 있는데…

C#4

명숙 POV 상아 손

(피 묻은 상아의 팔)

병원C - 응급실 앞   **낮 | 로케이션**

(과거) 응급실로 들어가는 상아를 따라 들어가지 못하고 물러서는 명숙

C#5-1 TOP

명숙 뒷모습 BS

차마 병원으로 들어가지 못하고

C#5-2 END

명숙 BS - F.O

한 걸음, 두 걸음 물러서 돌아가는 넋이 나간 얼굴.

병원C - 앞 　　　　　　　　　　　　　　　**낮 | 로케이션**

(과거) 경찰들에게 자신을 잡아가달라고 비는 명숙

C#1

명숙 뒷모습 Follow

(비틀거리며 가는 명숙)

C#2

명숙 POV 경찰들

(병원 앞에 서 있는 경찰 두 명)

C#3-1

명숙 뒷모습 Follow - 명숙 너머 경찰들

골치 아파하는 경찰들의 옷을 붙잡고 매달리며 울부짖는 명숙.

C#3-2

명숙, 경찰 2Shot

명숙을 떼어내려는 경찰들.

병원 C - 앞　　　　　　　　　　　　　　**낮 | 로케이션**

(과거) 경찰들에게 자신을 잡아가달라고 비는 명숙

C#3-3

경찰 두 명 F.I - 명숙 축으로 Moving

마치 수갑을 채워달라는 듯 두 손을 모아 빈다.

명숙　　　　저 좀 데려가주세요. 제발, 애한테서 떼어놔주
　　　　　　세요!

C#3-4

경찰들 OS 명숙 BS

마치 수갑을 채워달라는 듯 두 손을 모아 빈다.

명숙　　　　저 좀 데려가주세요. 제발, 애한테서 떼어놔주
　　　　　　세요!

S#077D

| 놀이공원 - 안 | 낮 | 로케이션 |

(과거) 마지막으로 놀이공원에서 사진을 찍는 명숙과 상아

C#1-1

명숙 POV 미아 보호소 - Pan

공원 내부의 미아보호소에 꽂혀 있던 명숙의 위태로운 시선이

C#1-2

상아

아무것도 모른 채 엄마와 찾은 놀이공원에 들뜬 상아에게 머문다.

C#2

명숙 CU

(상아를 보는 명숙)

사진사   찍을게요.

C#3

사진사 FS

사진 찍을 준비를 하는 사진사.

| | 놀이공원 - 안 | 낮 \| 로케이션 |

(과거) 마지막으로 놀이공원에서 사진을 찍는 명숙과 상아

C#4

카메라 앵글 속 명숙, 상아 2Shot

사진사가 들고 있던 카메라 앵글 속 명숙과 상아.

C#5

명숙 CU

그런데 명숙, 상아 목덜미의 흉터를 보자 입가가 파르르 떨린다.

C#6

명숙 POV 상아

(상아의 목덜미 흉터가 보인다)

C#7

명숙, 상아 2Shot

그 흉터를 모녀의 마지막에 남기고 싶지 않은 듯 자신의 스카프를 풀어 자세를 낮춰 앉아 상아에게 여며주던 명숙,

(과거) 마지막으로 놀이공원에서 사진을 찍는 명숙과 상아

C#8

명숙 POV 상아

(명숙을 바라보는 상아)

C#9

상아 POV 명숙

(상아를 바라보는 명숙)

명숙[OS]　　　나한테서 달아나… 멀리.

예전 상아 집 - 앞   밤 | 로케이션

(과거) 상아의 집을 찾아왔던 명숙

C#1

명숙 뒷모습 BS

그 눈빛에서 디졸브, 세월의 흔적이 여실히 묻어나는 정명숙의 얼굴.

C#2-1

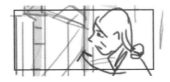

명숙 측면 CU

마치 가슴속 깊은 곳 어딘가에 담아두려는 듯 한동안 아린 눈빛으로 어딘가를 가만히 응시하고 있는데,

C#2-2

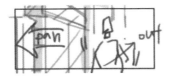

명숙 F.O - Pan

그곳은 편지함이 녹슬어 있던, 현관문이 좁고 초라하던 예전 상아의 집 앞.
먼 곳에서 열차가 선로를 삐걱거리며 달려가는 소리가 점점 멀어지고, 떨어지지 않는 발길을 돌려 돌아서 가는 정명숙.

C#2-3

상아 측면

(대문 옆에 숨어 있던 상아)

예전 상아 집 - 앞   밤 | 로케이션

(과거) 상아의 집을 찾아왔던 명숙

C#3

상아 CU

(울음을 참는 상아)

S#079 C#1-1

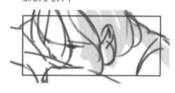

상아 CU

S#079. 모텔 - 안

S#079 C#1-2

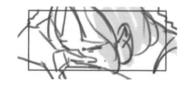

(울음을 터뜨리는 현재의 상아)

C#4

명숙 뒷모습 LS

정명숙의 뒷모습 위로 하나 둘, 아스라이 흩날리기 시작하는 진눈깨비. 멀어져가는 정명숙의 발걸음. 지난날의 사고로 다리를 절고 있다.

상아[OS]　　엄… 마…

S#078 예전 상아 집 - 앞 　　　　　　　　　　　　　　밤 | 로케이션

(과거) 상아의 집을 찾아왔던 명숙

C#5-1

명숙 단독

마치 현재 상아의 목소리가 들리기라도 하듯 멈춰서는 정명
숙. 슥 돌아보는 얼굴에서…

상아[OS]　　　나 같은 게… 엄마가 되고 싶어도… 괜찮은 거
　　　　　　　야?

C#5-2

그런 상아에게 무언의 대답이라도 해주듯, 아프고도 눈물겨운
그녀의 마지막 미소.

223

모텔 - 안   **새벽 | 오픈 세트**

명숙을 떠올리며 서럽게 눈물 흘리는 상아

C#1-1   C#1-2

   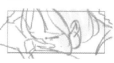   → 전 신에 포함

C#2

상아 정면 CU

상아, 마치 재채기처럼 불가항력적으로 터지는 울음을 막아낼
수가 없어

C#3

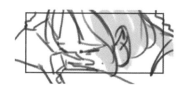

상아 CU

입을 틀어막고 가슴을 내리치며 서럽게 눈물 쏟아내는 모습.

C#4-1

상아 FS

끅끅… 슬픔보다는 고통에 가까운 짐승 같은 신음 소리가

모텔 - 안　　　　　　　　　　　　　　　　　　**새벽 | 오픈 세트**

명숙을 떠올리며 서럽게 눈물 흘리는 상아

C#4-2

<u>FO</u>

그녀의 어둠을 울린다.

S#085A

인천항 - 안   낮 | 오픈 세트

경찰들을 피해 자리에서 일어나는 상아와 지은, 두 사람 앞에 나타난 장섭

C#1

상아 정면 CU

멍하니 앉아 있는 상아.

C#2

상아, 지은 측면 2Shot

상아, 승선권 두 장을 손에 쥔 채 지은과 나란히 앉은 모습.
멍한 얼굴이지만 어딘가 불안해 보이기도 한 눈빛.
시계를 보면서 누군가 기다리는 얼굴인데,

C#3

승선권, 상아 손 CU

(승선권 두 장을 손에 쥔 상아)

코트 속 핸드폰 진동이 울리고 있다.

C#4

장섭 Follow Pan

S#085B. 인천항 - 앞

장섭, 상아에게 전화를 걸며 인천항 앞으로 달려오는 모습.

C#5-1 TOP

상아 측면 CU

멍한 얼굴이지만 어딘가 불안해 보이는 눈빛.

(상아, 뭔가를 본 듯 고개를 들면)

C#5-2

상아 너머 경찰들 F.I - 상아를 축으로 Moving

(상아의 옆으로 지나가는 경찰 두 명)

상아의 시선 속, 아까부터 경비를 위해 내부를 오가던 경찰들.

C#5-3 END

상아 CU 너머 경찰들

어쩐지 상아와 지은을 흘깃거리며 이야기를 하는 것 같다.

C#6-1

상아 OS 지은 - Tilt Down

지은의 손을 쥔 손에 힘이 들어간다.

(지은 내려다보면)

인천항 - 안　　　　　　　　　　　　　　　　　　　**낮 | 오픈 세트**

경찰들을 피해 자리에서 일어나는 상아와 지은, 두 사람 앞에 나타난 장섭

C#6-2

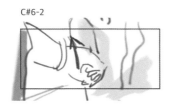

상아, 지은 손 CU - F.O

(힘이 들어간 상아 손, 이내 일어난다)

C#7-1 `TOP`

상아, 지은 2Shot - Follow

지은을 데리고 일어선 상아.

C#7-2

상아, 지은 Follow

그 손을 잡고 빠른 걸음으로 출구 쪽으로 간다.

C#7-3 `END`

상아, 지은 뒷모습 2Shot

그런 상아의 행동과 싸한 얼굴에 겁을 먹은 지은, 말없이 그녀를 따르고.

인천항 - 안

낮 | 오픈 세트

경찰들을 피해 자리에서 일어나는 상아와 지은, 두 사람 앞에 나타난 장섭

C#8

상아 OS 경찰들

빠르게 걸음을 옮기는데, 맞은편에서 상아 쪽으로 걸어오는 경찰들.

C#9-1

상아 측면 BS

(또 다른 경찰들과 마주하자)

C#9-2

상아 정면 Follow - 경찰들 F.I

(뒷문 쪽으로 향하는 상아)

C#10

지은 정면 Follow

(덩달아 불안해지는 지은의 표정)

인천항 - 안	낮 | 오픈 세트

경찰들을 피해 자리에서 일어나는 상아와 지은, 두 사람 앞에 나타난 장섭

C#11

상아 정면 Follow

(불안한 얼굴로 걷는 상아)

C#12

지은, 상아 FS - Follow Pan

(뒷문으로 향하는 상아, 지은을 따라오는 경찰들)

C#13

상아 정면 Follow

(불안한 얼굴로 걷는 상아)

C#14-1 TOP

지은 정면 Follow - Pan

(상아를 보는 지은)

인천항 - 안   **낮 | 오픈 세트**

경찰들을 피해 자리에서 일어나는 상아와 지은, 두 사람 앞에 나타난 장섭

C#14-2

상아, 지은 손 - Tilt Up

(꽉 잡은 두 사람의 손)

C#14-3 END

상아 CU 너머 경찰들

(상아의 뒤로 따라오는 경찰들)

C#15

상아, 지은 다리

(빠른 걸음으로 가는 상아와 지은)

C#16-1 TOP

상아 ECU - Pan

(상아, 곁눈질로 보면)

인천항 - 안   **낮 | 오픈 세트**

경찰들을 피해 자리에서 일어나는 상아와 지은, 두 사람 앞에 나타난 장섭

C#16-2

상아 OS 경찰들 - Pan

상아의 시선으로 경찰들 중 한 명이 미간을 찌푸리며 그녀를 보자,

C#16-3

상아 ECU

지은을 잡은 손에 힘이 들어가는 상아의 위험한 눈빛.

C#16-4 [END]

상아 F.O

그런데 순간, 누군가 그녀의 팔을 거칠게 낚아채

C#17

상아 OS 장섭

자신의 등 뒤로 몰아넣는데…
헉헉, 달려온 듯 거친 숨을 몰아쉬며 그녀를 보는 장섭의 얼굴.

인천항 - 안　　　　　　　　　　　　　　　**낮 | 오픈 세트**

경찰들을 피해 자리에서 일어나는 상아와 지은, 두 사람 앞에 나타난 장섭

C#18-1 TOP

상아 ECU - Pan

상아, 이성을 잃은 눈빛으로 입가가 파르르 떨린다.

C#18-2

상아 OS 경찰들 - Pan

(순찰을 도는 중이었던 듯 상아를 지나쳐가는 경찰들)

C#18-3 END

상아 ECU

(숨을 고르는 상아)

인천항 - 안　　　　　　　　　　　　　　**낮 | 오픈 세트**

경찰들을 피해 자리에서 일어나는 상아와 지은, 두 사람 앞에 나타난 장섭

S#085　　　　　　　　　　　　콘티상 도면 및 동선

인천항 안

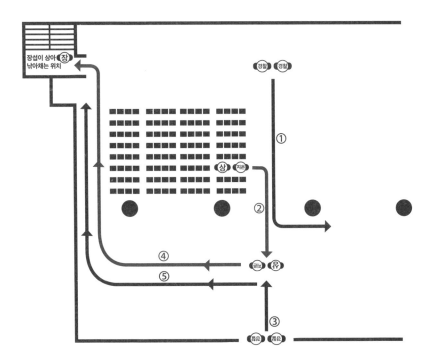

S#086A

후남 음식점 - 앞(장섭 차 안)　　　　　　　　**낮 | 로케이션**

후남의 가게 앞에 도착하는 장섭의 차

C#1-1

지은, 상아 2Shot - Pan

뒷좌석에 상아와 지은을 태운 채 가게 앞으로 도착하는 장섭의 차.

C#1-2

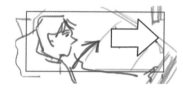

장섭 측면 CU - 장섭 Follow Pan

(차에서 내리는 장섭)

C#1-3

앞유리창 너머 장섭, 후남 2Shot

전화를 받은 듯 나와서 기다리고 있는 후남이 보인다.

(후남과 이야기하는 장섭)

238

후남 음식점 - 앞(장섭 차 안)   **낮 | 로케이션**

후남의 가게 앞에 도착하는 장섭의 차

C#1-1

손님들 F.O - 후남 Follow Pan

(손님들이 계산을 마치고 나가고)

C#1-2

후남 Follow Pan

후남   (한숨) 짐승 같은 것들… 어떻게 애 손발을 묶고 거기다…

C#1-3

후남 Follow Pan

(테이블을 치우러 가는 후남)

C#1-4

후남 너머 장섭, 지은 2Shot

장섭이 지은의 몸에 난 상처들 사진을 찍고 있다.
자신의 상처를 덤덤하게 내어 보이는 지은을 차마 보지 못하는 후남.

S#086B

후남 음식점 - 앞(장섭 차 안)   낮 | 로케이션

후남의 가게 앞에 도착하는 장섭의 차

C#2

지은 OS 장섭

사진을 찍던 걸 마무리하는 장섭.

장섭   만약, 아저씨가 증거 같은 거 찾지 못하면… 그 땐 니가 가서 경찰 아저씨들한테 직접 설명해야 하는데, 할 수 있겠제?

C#3

지은 CU

고개를 끄덕이는 지은.

C#4

지은 OS 장섭

지은의 그 눈빛을 마치 아빠처럼 물끄러미 보던 장섭.

C#5

상아 POV 지은 OS 상아 FS

돌아보면 가게 뒤편의 소각장 한 편, 상아의 구부정한 뒷모습.

장섭[OS]   결국은 너거가 행복할 수 있는 길을 찾아야 한다.

C#1

상아, 장섭 뒷모습 2Shot

지은의 시선이 닿지 않는 곳, 소각장 구석에 나란히 쭈그려 앉은 장섭과 상아.

장섭　　　일단 친부가 유괴 신고 접수를 해버린 상태에서 판 뒤집으려면 이 방법밖에 없다.

C#2-1

장섭 측면 CU 너머 상아

장섭　　　나는 일단 가서 애가 거기서 탈출했다는 증거 찾아볼 테니까 어디 갈 생각 말고 여기 붙어 있어라.

C#2-2

장섭, 상아의 핸드폰을 꺼내 밧데리를 분리해놓고,

C#3

장섭 핸드폰 CU

자신의 핸드폰을 손에 쥐여준다.

| S#086C | 후남 음식점 - 뒤 | 낮 \| 로케이션 |

상아에게 자신의 핸드폰을 맡기고 해결 방법을 찾자고 말하는 장섭

C#4

상아 측면 CU 너머 장섭

장섭 그리고 일단 내 핸드폰 갖고 있어라. 연락할 테니까. 되든 안 되든… 방법을 찾아보자.

(가려는 듯 자리에서 일어나는 장섭)

C#5

장섭 CU

장섭, 일어나 돌아서다 말고 그녀를 돌아보는데,

C#6

장섭 POV 상아 부감

어쩐지 유독 작아 보이는 그 뒷모습에 차마 발길이 떨어지지 않는다.

건물 - 뒤 공터 　　　　　　　　　　　　　　　　　　　　**낮 | 로케이션**

지은을 무자비하게 폭행하던 미경을 발견하고 달려든 상아

C#1-1

슬리퍼 한 짝 CU - Tilt Up

(지은의 벗겨진 슬리퍼)

C#1-2

지은 다리 - Tilt Up

(어딘가로 끌려가는 지은의 발)

C#1-3

지은 CU - Tilt Up

목이 막혀 얼굴이 시뻘겋게 달아올라 눈물이 그렁그렁 고인
지은.

C#1-4

미경 CU - Pan

발버둥 치는 아이의 덜미를 잡아끌고 가는 미경의 모습. 행여
들키기라도 할까 주위를 두리번거리는 그녀의 날 선 눈빛.

S#104

건물 - 뒤 공터　　　　　　　　　　　　　낮 | 로케이션

지은을 무자비하게 폭행하던 미경을 발견하고 달려든 상아

C#1-5

미경 OS 미경 차

후남 음식점에서 몇 미터 떨어진 인적 드문 공터에 세워진 미경의 차.

C#2-1

미경, 지은 2Shot

(차 뒷좌석 문을 여는 미경)

C#2-2

미경, 지은을 뒷좌석에 태우려는데,

C#3-1

지나가는 차 - F.O

빵− 그 옆을 스쳐가는 차 한 대.

건물 - 뒤 공터   **낮 | 로케이션**

지은을 무자비하게 폭행하던 미경을 발견하고 달려든 상아

C#3-2

미경 차, 미경, 지은 FS

그 찰나의 지은, 미경이 정신 뺏긴 틈을 놓치지 않고 그녀를 밀
쳐내더니 필사적으로 도망치는데…

C#4

지은 정면 MS Follow

(건물 뒤 창고를 끼고 돌아 피하는 지은)

C#5

지은 뒷모습 - 지은 F.O

아이의 내달림으로 어른을 따돌리긴 역부족이었다. 이내 따라
잡혀 이성을 잃은 얼굴의 미경 앞에 퍽, 그대로 나동그라지는
지은.

C#6

미경 양각 BS

미경   그런 년이랑 붙어먹더니 애가 발랑 까져가지고…

건물 - 뒤 공터   **낮 | 로케이션**

지은을 무자비하게 폭행하던 미경을 발견하고 달려든 상아

C#7-1

지은 뒷모습 KS

(넘어진 채 도망가는 지은)

C#7-2

미경 F.I

궁지에 몰린 지은 앞에 서는 미경.

C#8

미경 CU

분에 차 공터에 나뒹구는 박스든 뭐든 잡히는 대로 아이에게 내던지는 미경.

미경   없어져! 제발 좀 없어져 버려! 내 인생에서 꺼지 라고!

C#9-1

미경 OS 지은 BS

공포에 다리에 힘이 풀려 주저앉은 채 뒤로 물러나는 지은.

건물 - 뒤 공터　　　　　　　　　　　　　　　**낮 | 로케이션**

지은을 무자비하게 폭행하던 미경을 발견하고 달려든 상아

C#9-2

<u>미경 손, 지은 얼굴 CU</u>

미경, 새하얗게 질린 아이의 입을 틀어막고

C#10

<u>미경 앙각</u>

마치 뭐에 씐 사람처럼 눈이 뒤집어져 뒹굴고 있던 깨진 병을
집어 당장이라도 내리찍을 듯 치켜드는데…

C#11

<u>미경, 지은 FS</u>

(병을 내려치려는 듯 들어올리는 미경)

C#12

<u>미경 ECU</u>

순간, 지은의 눈에 비친 미경의 모습이 파르르 떨리며 아스라
해지고, 눈을 질끈 감은 지은에게서 흘러내린 눈물이 그 얼굴
을 움켜쥐고 있던 미경의 손에 닿자, 멈칫하는 미경의 얼굴.

S#104

| 건물 - 뒤 공터 | 낮 \| 로케이션 |

지은을 무자비하게 폭행하던 미경을 발견하고 달려든 상아

C#13

미경 손등 위 눈물 Tilt Up - 지은 눈 ECU

(미경의 손등 위로 흐르고 있는 지은의 눈물)

C#14

미경 손, 맥주병 CU

(허공에 멈춰 있는 미경의 손)

C#15

미경 ECU

하지만 정작 그런 미경을 멈추게 만든 건,

C#16

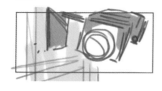

미경 POV CCTV

그녀와 눈이 마주친 빨간 불빛.
건물 뒤편의 외벽에 달려 있던 CCTV였다.

S#104

건물 - 뒤 공터   **낮 | 로케이션**

지은을 무자비하게 폭행하던 미경을 발견하고 달려든 상아

C#17-1

미경 ECU

병을 쥔 손이 달달 떨리는 미경의 얼굴이 분노와 당혹감에 하얗게 질리던 찰나,

C#17-2

박스 F.I

퍽, 그녀의 뒤통수를 가격하는 맥주병 박스에 나가떨어지는 미경.

C#18

지은 눈 ECU

하아하아… 그 숨소리에 스륵 눈을 뜨는 지은의 뿌옇게 서린 시야 속

C#19-1 TOP

지은 POV 상아

시리도록 맑게 느껴지는 연푸른색 하늘 아래,

255

건물 - 뒤 공터 　　　　　　　　　　　　　　 **낮 | 로케이션**

지은을 무자비하게 폭행하던 미경을 발견하고 달려든 상아

C#19-2 [END]

지은 POV 상아

거친 숨을 몰아쉬는 상아의 얼굴.

C#20

지은 CU

그런 그녀를 보는 지은의 하얗게 질려 있던 얼굴에 온기가 감
돌고…

C#21

Wide Shot

박스를 내팽개쳐버린 상아,

(몸을 일으키는 지은)

C#22

상아 CU

(지은을 보는 상아)

건물 - 뒤 공터   **낮 | 로케이션**

지은을 무자비하게 폭행하던 미경을 발견하고 달려든 상아

C#23

지은 CU

미경의 난동에 다쳐 피가 흘러내리는 지은의 얼굴과

C#24

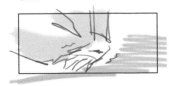

지은 손 CU

바들바들 떨고 있는 자그마한 손을 목도하는 그 순간,

C#25

상아 ECU

가슴 깊은 곳에 묻어뒀던 분노가 일순간 터져오르는 얼굴인데…

C#26-1 TOP

상아 뒷모습 Follow - 상아, 지은 2Shot 뒷모습 Follow - 상아, 지은 너머 BMW

일단 지은을 일으켜 감싸 안고,

(BMW가 주차된 곳까지 달려가는 상아)

S#104

| 건물 - 뒤 공터 | 낮 | 로케이션 |

지은을 무자비하게 폭행하던 미경을 발견하고 달려든 상아

C#26-2

(운전석 문을 열고)

미경의 차에서 키를 빼내

C#26-3

그 키를 찾을 수 없는 곳으로 훅 내던져버린다.

C#26-4 **END**

미경 손, 깨진 병 F.I

그러곤 아이가 더 다치기라도 할까 안전하게 대피시킬 곳을 찾아나오는 상아의 모습 뒤로 바닥을 벌벌 기며 모멸감에 치를 떨던 미경이 깨져 있던 유리 조각을 들고 그녀의 등 뒤로 달려들어 휘둘러버리는데…

C#27

미경 CU

(상아를 공격한 미경)

| S#104 | 건물 - 뒤 공터 | 낮 | 로케이션 |

지은을 무자비하게 폭행하던 미경을 발견하고 달려든 상아

C#28

상아 ECU

상아의 이마에서 흘러내리는 핏줄기가 그녀의 콧잔등을 주르르 휘감자

C#29

미경 ECU

미경, 이제 와서 자기가 저지른 짓에 스스로 겁에 질린 듯

C#30

미경 너머 상아, 지은 - 미경 F.I

휘청이는 상아를 숨이 턱 막히는 얼굴로 보다 뒷걸음쳐 도망치고…
순간, 상아의 시야가 뿌옇게 흐려지며

C#31

상아 OS 지은

그런 그녀를 보는 지은의 눈빛도 아득해진다.

건물 - 뒤 공터 　　　　　　　　　　　　　 **낮 | 로케이션**

S#104

지은을 무자비하게 폭행하던 미경을 발견하고 달려든 상아

C#32

지은 OS 상아

(지은과 눈을 맞추다가 고개를 돌려 도망가는 미경을 보는 상아)

C#33

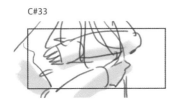

상아 팔 CU

상아, 정신이 아득해지는 와중에도 아이를 떨어뜨리지 않으려 움켜쥔 팔.

C#34

상아 너머 미경 뒷모습 FS

(도망가는 미경)

C#35-1 　TOP

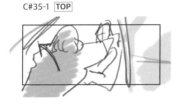

상아 너머 지은

지은을 BMW 안에 밀어넣는 상아.

S#104

건물 - 뒤 공터   낮 | 로케이션

지은을 무자비하게 폭행하던 미경을 발견하고 달려든 상아

C#35-2 `END`

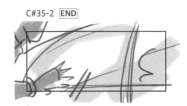

닫히는 운전석 차 문

문이 닫히고 그 찰나…

C#36

차 유리창 너머 지은 CU

지은의 시야로 보이는

C#37-1

지은 POV 차 유리창 너머 상아 - Follow Pan

상아의 눈빛.
새하얀 얼굴에 내린 새빨간 핏빛 사이로 살기가 날카롭게 번뜩이는데…

C#37-2

차 앞유리 너머 상아 뒷모습

(지은을 뒤로하고 미경이 도망친 쪽으로 가는 상아)

교각 공사장 - 굴다리 밑　　　　　　　　　　　**낮 | 로케이션**

교각 공사장으로 도망가는 미경, 지은을 제지하고 미경을 따라가는 상아

C#1

미경 뒷모습 LS

(교각 공사장 방향으로 도망치는 미경)

C#2

미경 다리 뒷모습 CU

퍽, 미경, 힐을 신고 도망가려다 발목을 접질려 넘어지고,

C#3

미경 BS - F.O

'아악!'

C#4

미경 너머 상아 - 미경 F.O

무릎이 시뻘겋게 까진 고통에 단번에 일어나지도 못하는 와중에도 뒤를 쫓아오는 상아를 보자 구두를 벗어던지고

S#106

교각 공사장 - 굴다리 밑   낮 | 로케이션

교각 공사장으로 도망가는 미경, 지은을 제지하고 미경을 따라가는 상아

C#5-1 [TOP]

상아 너머 미경

절뚝이며 가는데…

교각 공사장으로 향하는 미경의 뒤를 따라 굴다리 아래의 어둠 속으로 성큼성큼 들어서던 상아.

C#5-2 [END]

상아 FS

상아의 발끝을 잡는 목소리.

지은   미쓰백…

C#6

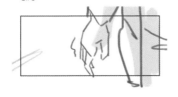

상아 손 CU

파르르, 본능적으로 반응하는 손.

C#7

상아 ECU

자석에 끌리듯 슥 돌아보는 상아.

교각 공사장 - 굴다리 밑   **낮 | 로케이션**

교각 공사장으로 도망가는 미경, 지은을 제지하고 미경을 따라가는 상아

C#8

지은 FS

어느새 그녀를 따라온 지은.

C#9

지은 CU

피투성이가 된 채 돌아보는 상아를 보자 가지 말라는 듯 애처롭게 눈물이 맺힌 얼굴.

C#10-1

지은 발 CU

지은이 상아에게로

C#10-2

한 발짝 떼는 순간…

상아   김지은.

교각 공사장 - 굴다리 밑   **낮 | 로케이션**

교각 공사장으로 도망가는 미경, 지은을 제지하고 미경을 따라가는 상아

C#11

상아, 지은 2Shot

마치 어떤 선택의 기로처럼 굴다리 밑의 어둠을 두고 마주선 두 사람.

C#12

지은 CU

차가운 그 목소리에 자기도 모르게 멈춰 서는 지은.

상아   거기서 한 발짝이라도 더 움직이면…

C#13

상아 MS

지은의 시선 속, 어둠 속의 실루엣만 보이는 상아의 목소리.

상아   나, 다시는 너 안 본다.

C#14

지은 FS

그 말에 마치 굳어버린 듯 움직임 없는 지은.

273

교각 공사장 - 굴다리 밑   낮 | 로케이션

교각 공사장으로 도망가는 미경, 지은을 제지하고 미경을 따라가는 상아

C#15-1

상아 CU

한동안 바라보던 상아. 눈가에 그렁그렁하게 맺히는 눈물, 차마 떨어지지 않는 발걸음.

C#15-2

상아 뒷모습

하지만 결국 지은에게서 돌아서 한 발짝, 두 발짝 미경에게로 향하는데…

C#16-1

상아 BS 너머 지은

(지은을 등지고 떠나며

C#16-2

상아 CU

얼굴에 흐른 피를 닦는 상아)

S#106

교각 공사장 - 굴다리 밑　　　　　　　　　　　**낮 | 로케이션**

교각 공사장으로 도망가는 미경, 지은을 제지하고 미경을 따라가는 상아

C#17

지은 뒷모습 FS

그런 상아의 뒷모습을 보는 지은,

C#18

지은 BS

그 자리에 멈춰선 채 눈물이 주륵 흘러내리는 얼굴.

교각 공사장 - 안	낮	로케이션

상아가 미경을 죽이기 직전 장섭에 의해 발견된 현장

C#21

상아 ECU

헉헉… 거친 숨을 몰아쉬며 얼굴에 피를 슥 닦고 그녀를 내려 보던 상아.

C#22

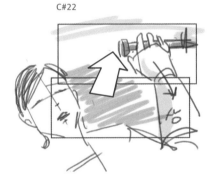

미경 ECU - Tilt Up - 정 CU

그 시선 끝에 미경의 머리맡에 흩어진 날카로운 파편이 보이 는데, 그걸 보던 상아의 눈빛이 파르르 떨리던 끝에 결국 집어 들고야 마는 손.

C#23

상아 눈 ECU

(상아의 떨리는 눈빛)

S#109A

| 교각 공사장 - 안 | 낮 l 로케이션 |

상아가 미경을 죽이기 직전 장섭에 의해 발견된 현장

C#24-1 TOP

상아 손, 정 CU - Pan

미경 위에 올라탄 채 흉기를 든 상아의 손이 덜덜 떨리기 시작하고,

C#24-2

미경 CU - Tilt Up

점점 호흡과 맥박이 빨라지며 눈앞이 흐릿해지는 상아의 시선.

C#24-3

하늘 - Pan

(하늘을 배회하는 상아의 시선)

C#24-4

상아 ECU - Pan

그런데 그때, 정적을 깨고 누군가 달려오는 소리에 슥 돌아보는 얼굴.

S#109A

교각 공사장 - 안　　　　　　　　　　　　**낮 | 로케이션**

상아가 미경을 죽이기 직전 장섭에 의해 발견된 현장

C#24-5 [END]

장섭 LS

장섭이다.

C#25

장섭 POV 상아, 미경 FS

헉, 숨이 멈춘 듯 굳어버린 그의 시야에 느린 시선으로 비친 상아의 모습.

C#26-1 [TOP]

상아 CU

피와 눈물로 범벅이 된 얼굴. 그 순간의 상아는 더 이상 망설일 것이 없다.

C#26-2 [END]

이를 악물고 미경의 위로 그대로 파편을 내리꽂으려는 순간,

교각 공사장 - 안　　　　　　　　　　　　**낮 | 로케이션**

상아가 미경을 죽이기 직전 장섭에 의해 발견된 현장

C#27-1

<u>장섭 CU - Pan</u>

(상아를 부르며 달려가는 장섭)

C#27-2

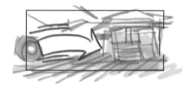

<u>Pan</u>

C#27-3

<u>상아, 미경 2Shot - 장섭 F.I</u>

(상아에게 달려가는 장섭)

C#28-1　TOP

<u>상아 ECU</u>

(미경을 공격하려는 상아)

교각 공사장 - 안   **낮 | 로케이션**

상아가 미경을 죽이기 직전 장섭에 의해 발견된 현장

C#28-2 [END]

장섭 F.I

퍽, 달려들어 그녀에게 몸을 날린 장섭,

C#29

상아 너머 장섭

상아와 함께 뒹굴어버린다.

C#30

장섭 너머 상아

장섭, 몸부림치는 상아의 두 팔을 잡아 제압한 채 벽으로 밀어
붙이는데, 끓어오르는 감정에 숨을 몰아쉬지도 못해 시뻘겋게
달아오른 상아의 얼굴.

상아   놔, 놔!

C#31

장섭 ECU

한동안 울분을 주체하지 못하고 몸부림치는 상아의 두 팔을
붙든 장섭. 결국 주체할 수 없는 감정을 쏟아내고야 만다.

장섭   제발!

그의 핏대 선 눈빛, 상아를 제압하는 과정에서 날카로운 것에
긁혀 피가 흘러내리는 얼굴.

교각 공사장 - 안

낮 | 로케이션

상아가 미경을 죽이기 직전 장섭에 의해 발견된 현장

C#32

장섭 OS 상아 CU

장섭의 얼굴을 보자 그제야 잠잠해지는 상아의 숨결.

C#33

장섭 ECU

만신창이가 된 그녀를 바라보는 장섭의 눈빛이 파르르 떨리던 끝에…

장섭   제발… 인생 그만 좀 벼랑 끝으로 처달리고

C#34

장섭, 상아 측면 2Shot

장섭   남들처럼 그냥 잘… 편하게 좀 살아달라고! 그 게 그래 어렵나! 시바…

C#35

장섭, 상아 LS

그들의 오랜 역사를 관통하는 장섭의 쨍한 목소리가 남긴 여운 속, 고요한 바람 소리만이 상아의 귓전을 울리고, 이내 그런 그들을 재촉하듯 마치 환청처럼 멀리서 가까워지기 시작하는 사이렌 소리.

S#109A

교각 공사장 - 안   **낮 | 로케이션**

상아가 미경을 죽이기 직전 장섭에 의해 발견된 현장

C#36

상아 측면 ECU

상아   미안…

C#37

장섭 측면 ECU

나즈막이 떨리는 그녀의 목소리가 심장을 찌르듯 목이 메는 장섭. 한동안 생각과 마음을 가다듬듯 방황하던 눈동자.

C#38-1

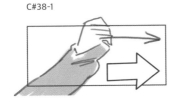

장섭 손 CU - Follow Pan

일단 자신의 옷소매로

C#38-2

상아 ECU

피로 얼룩진 그녀의 얼굴과 손을 닦아낸다.

283

S#109A

교각 공사장 - 안   낮 | 로케이션

상아가 미경을 죽이기 직전 장섭에 의해 발견된 현장

C#39-1

장섭, 상아 2Shot

그리고 그녀를 일으켜 세우더니

C#39-2

차 키를 꺼내

C#40-1

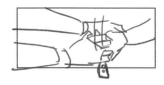

장섭, 상아 손 CU

그녀의 손에 쥐여준다.

C#40-2

장섭   가라.

교각 공사장 - 안　　　　　　　　　　　　　　　**낮 | 로케이션**

상아가 미경을 죽이기 직전 장섭에 의해 발견된 현장

C#41

상아 CU

상아　　　…

C#42

장섭 ECU

장섭　　지금 당장 저 아 앞에서 수갑 차는 꼴 보이고 싶
　　　　지 않으면, 일단 여기는 내가 알아서 처리할 테
　　　　니까. 가라고!

C#43-1　TOP

상아 CU - 상아 Follow

상아가 꿈쩍도 않자,

C#43-2

장섭 F.I

결국 덥썩 그녀의 팔을 잡아끌고 가는 장섭.

교각 공사장 - 안　　　　　　　　　　　　　　　　낮 | 로케이션

상아가 미경을 죽이기 직전 장섭에 의해 발견된 현장

C#43-3 END

상아 너머 장섭

이 지옥과의 경계선 같은 굴다리 쪽을 향해 밀치듯이 보내버리고선…

장섭　　　　해라. 엄마.

C#44

장섭 측면 너머 상아

장섭　　　　단 며칠이라도.

C#45

상아 CU

입술을 깨물던 상아. 순간 아득해지는 그녀의 시선이 향하는 곳엔

S#104B C#1

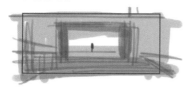

S#104B. 교각 공사장 - 굴다리 밑

아직 그 자리에서 하… 입김을 뿜으며 망부석처럼 기다리는 지은이 있다.

교각 공사장 - 굴다리 밑　　　　　　**저녁 | 로케이션**

같이 갈 거냐며 묻는 상아의 손을 잡는 지은

C#1

지은 FS - Camera In

어둠이 서서히 밀려들기 시작하는 해 질 무렵의 서늘한 공기.

C#2

상아, 지은 2Shot

한 발짝, 두 발짝 지은에게 다가서는 상아.
물끄러미 지은을 내려다보다

C#3

지은 OS 상아

그들이 만난 이후 처음으로 무릎을 낮춰 그녀와 눈높이를 맞춘다.

C#4

상아 OS 지은

(상아를 보는 지은)

교각 공사장 - 굴다리 밑　　　　　　　　　　**저녁 | 로케이션**

같이 갈 거냐며 묻는 상아의 손을 잡는 지은

C#5-1 TOP

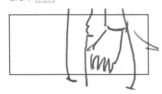

지은 손 CU

(지은의 손)

C#5-2 END

상아 손, 지은 손 CU

피투성이가 된 손으로 아이의 손을 잡는데…

C#6

상아 OS 지은

상아　　　이런 나라도…

그런 상아를 가만히 보는 지은의 눈에 눈물이 맺힌다.

C#7

상아 단독

상아　　　같이 갈래?

마치 구애의 대답을 기다리듯 파르르 떨리는 상아의 눈빛에

교각 공사장 - 굴다리 밑 | 저녁 | 로케이션

같이 갈 거냐며 묻는 상아의 손을 잡는 지은

C#8

상아 POV 지은 오른손 F.I

화답하듯 그녀의 손을 잡는 지은의 조그마한 손.

지은   같이… 가요…

C#9

상아 단독

그 말에 결국 울음이 터져버린 상아.
다시는 놓치지 않으려는 듯 아이의 손을 움켜쥔 그녀의 피투
성이 손등 위로 후두둑 떨어지는 눈물.

후남 집 - 안 낮 | 오픈 세트

여느 평범한 가족처럼 아침 식사를 하는 장섭, 후남, 지은

C#1-1

FI

C#1-2

창문 너머 잎사귀 - Pan

창밖으로 싱그러운 잎사귀들과 꽃잎들이 앞다퉈 빛을 발하는 봄날.

C#1-3

이불 속 지은

아침의 볕이 새어드는 고요 속에,

(이불 속에서 뒤척이는 지은)

C#2-1

지은 CU

깨끗하고 폭신해 보이는 이불에 파묻혀 있던

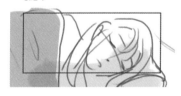

후남 집 - 안 　　　　　　　　　　　　　　　　　 **낮 | 오픈 세트**

여느 평범한 가족처럼 아침 식사를 하는 장섭, 후남, 지은

C#2-2

지은 F.O

얼굴이 스륵 눈을 뜬다.

환하고 건강해진 얼굴에 훌쩍 커버린 것처럼 보이는 모습의
지은.

C#3

지은 너머 후남 F.I

어떤 꿈이라도 꾼 걸까. 눈 뜨자마자 누군가 찾듯 주위를 두리
번거리는데, 그 뒤로 주방에서 분주하게 뭔가를 만들고 있던
후남.

(지은 방문 너머로 밥상을 들고 거실로 가는 후남)

후남　　　밥 무라.

C#4-1

후남 너머 TV 뉴스

후남, 거실에 놓인 상에 반찬을 갖다놓으며 텔레비전 속 뉴스
를 보는데, 미경과 일곤의 형이 확정되었다는 기사와 아나운
서의 멘트.

후남　　　지랄…

C#4-2

TV 속 미경

(경찰들에게 연행되어 가는 미경의 모습)

S#112A

여느 평범한 가족처럼 아침 식사를 하는 장섭, 후남, 지은

C#5

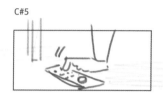

리모컨, 후남 발 CU

투덜투덜 발가락으로 탁 텔레비전을 꺼버리고

C#6-1 **TOP**

후남 F.O

돌아서는 뒤로, 테이블 위에 놓인 서류. 장섭의 호적 아래로 지은의 이름이 보인다.

C#6-2

장섭 F.I - 장섭 Follow

까치집 지은 머리에 추리닝 차림으로 배를 북북 긁는

C#6-3 **END**

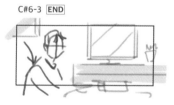

장섭 Follow

장섭이 상 앞에 앉더니 눈꼽을 떼며 지은을 부른다.

장섭　　　　밥 무라.

S#112A

후남 집 - 안

낮 | 오픈 세트

여느 평범한 가족처럼 아침 식사를 하는 장섭, 후남, 지은

C#7-1

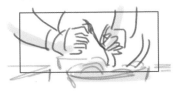

<u>후남 손, 김치 CU - 후남 손 Follow</u>

지은 앞에 놓인, 따뜻한 온기가 느껴지는 정성스럽게 차려진
밥상. 김치를 쫙쫙 찢어

C#7-2

<u>지은 숟가락 위 김치</u>

지은의 밥 위에 얹어주는 후남.

C#8

<u>장섭, 후남, 지은 FS</u>

셋이 둘러앉은 모습이 평범하고 행복한 가족 같아 보인다.

학교 - 교실 　　　　　　　　　　　　　　　　　　　　　　낮 | 오픈 세트

수업을 듣는 지은의 모습

C#1

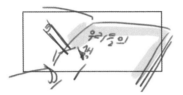

지은 노트 CU

여느 아이들과 같이 평범하게 학교생활을 하는 지은의 모습.
예쁜 필통과 깨끗한 공책을 앞에 놓고 삐뚤빼뚤 글씨를 쓰고,

C#2

지은 CU

호기심 어린 얼굴로 선생님 말씀을 경청하기도 하고,

301

S#113B

학교 - 복도　　　　　　　　　　　　　　　**낮 | 오픈 세트**

종이 울리자 밖으로 나가는 아이들 속 지은

C#1

<u>아이들 속 지은 FS</u>

종이 울리면, 와아— 친구들과 같이 달려나오기도 하고,

(한 아이가 지은의 손을 잡고 교실 밖으로 나온다)

C#1

아이 OS 지은

(체육 시간에 피구를 하는 지은, 날아오는 공을 피해 도망다닌다)

C#2

지은 측면 MS

체육 시간이면 힘껏 공을 던져보기도 하고,

C#3

지은 친구, 지은 뒷모습 2Shot

(친구와 물장난을 치는 지은)

C#4

지은 친구 OS 지은 BS

(친구에게 물을 튀기며 노는 지은)

친구들이 장난을 치면 웃어 보이기도 하는 얼굴이지만…

모두 하교한 시각, 텅 빈 운동장에 혼자 앉아 있는 지은

C#1

지은 뒷모습 너머 운동장 LS

(듬성듬성 하교하는 아이들)

그 끝에 모두 하교한 시각, 텅 빈 운동장 구석에 쭈그려 앉은 지은의 뒷모습. 언젠가 늘 상아가 우두커니 앉아 있곤 하던 그 모습과 같다.

C#2-1

지은 후측면 CU

지은,

C#2-2

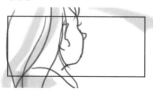

어느 순간 고개를 들어 청명하게 내리쬐는 햇살을 눈부신 듯 바라보는 얼굴 한편에 드리우는 쓸쓸한 그림자.

S#114

학교 - 후문	낮 | 로케이션

봄 햇살 아래 다시 마주한 상아와 지은

C#1-1

지은 뒷모습 MS Follow

터덜터덜 무거운 발걸음으로 학교를 나오는 지은의 뒷모습.

C#1-2

지은 너머 아저씨

뒷문으로 나가려는데, 경비 아저씨가 누군가를 보고 궁시렁댄다.

경비   어이, 아줌마. 여기 금연 써진 거 안 보여요?

C#1-3

지은 측면

그 말에 돌아보는 지은의 얼굴,

C#2

지은 ECU

누군가를 보는 눈이 커진다.

경비   아줌마!

학교 - 후문
낮 | 로케이션

봄 햇살 아래 다시 마주한 상아와 지은

C#3-1 TOP

지은 CU - Follow

지은   아줌마… 아니에요!

C#3-2 END

아저씨 OS 지은

당돌한 목소리, 잉? 하던 경비 아저씨가 옆에 있던 지은을 보면, 어느새 환해진 얼굴로 아저씨를 밀어내고 막아선 채

C#4

지은 정면 CU

일렁이는 감정들이 가득한 눈빛으로 시선이 향하는 곳엔…

C#5

지은 POV 상아 FS

역시나 꾸부정하게 쭈그려 앉은 뒷모습.
주머니에 손을 찔러넣은 채 담배를 피우는 상아.

S#114

학교 - 후문   낮 | 로케이션

봄 햇살 아래 다시 마주한 상아와 지은

C#6-1 TOP

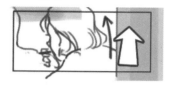

상아 후측면 CU

담배를 피우던 상아가 슥 일어나,

C#6-2

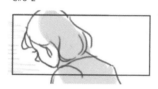

상아 후측면

잠시 망설이던 끝에

C#6-3 END

상아 앞모습 CU

지은을 돌아본다.

C#7

지은 CU

(상아를 바라보는 지은의 얼굴)

| S#114 | 학교 - 후문 | 낮 \| 로케이션 |

봄 햇살 아래 다시 마주한 상아와 지은

C#8

상아 CU

여전한 얼굴, 여전한 모습이지만,
씨익 입가에 번지는, 처음 보는 그녀의 미소.

C#9

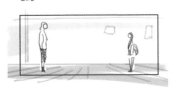

지은, 상아 2Shot FS

언젠가 지독하게 어둡고 춥던 겨울밤 아래 처음 마주 섰던 두
사람이, 이젠 따뜻한 봄 햇살 아래 다시 마주섰다.

END TITLE IN

- FIN -

미쓰백 포토·스토리보드

1판1쇄 펴냄 2019년 3월 4일

감독 이지원
스틸 임훈 | **스토리보드** 조나래 | **표지 사진 디자인** 色(색), 목정욱

원작 영화 〈미쓰백〉
ⓒ 2018 CJ ENM CORPORATION & BAE PICTURES. ALL RIGHTS RESERVED.

자료제공 배

펴낸이 김경태 | **편집** 홍경화 전민영 성준근 | **디자인** 박정영 김재현 | **마케팅** 곽근호 윤지원
펴낸곳 (주)출판사 클
출판등록 2012년 1월 5일 제311-2012-02호
주소 03385 서울시 은평구 연서로26길 25-6
전화 070-4176-4680 | 팩스 02-354-4680 | 이메일 bookkl@bookkl.com

ISBN 979-11-88907-52-6 04680
       979-11-88907-50-2 04680 (세트)

이 도서의 국립중앙도서관 출판예정도서목록(CIP)은 서지정보유통지원시스템 홈페이지
(http://seoji.nl.go.kr)와 국가자료공동목록시스템(http://www.nl.go.kr/kolisnet)에서
이용하실 수 있습니다.(CIP제어번호: CIP2019003832)